人工智能科学与技术丛书

自动驾驶

张宏亮　徐利民　曾文达◎著

清华大学出版社
北京

内 容 简 介

本书对目前自动驾驶的构成及工作原理进行了阐述,主要内容包括自动驾驶概论、自动驾驶基本结构与组成、自动驾驶感知与定位系统、自动驾驶决策与规划、自动驾驶控制系统、自动驾驶线控系统与动力电池系统、自动驾驶发展环境等。

本书内容深入浅出、图文并茂、结合实际、专业性强,适合自动驾驶行业研究人员、从业人员和有意向从事自动驾驶领域工作的读者阅读,同时也可供高等院校对自动驾驶感兴趣的理工科学生学习参考。

本书封面贴有清华大学出版社防伪标签,无标签者不得销售。

版权所有,侵权必究。举报: 010-62782989,beiqinquan@tup.tsinghua.edu.cn。

图书在版编目(CIP)数据

自动驾驶/张宏亮,徐利民,曾文达著. —北京:清华大学出版社,2021.7
(人工智能科学与技术丛书)
ISBN 978-7-302-58525-1

Ⅰ.①自… Ⅱ.①张… ②徐… ③曾… Ⅲ.①汽车驾驶—自动驾驶系统 Ⅳ.①U463.61

中国版本图书馆 CIP 数据核字(2021)第 121987 号

责任编辑:盛东亮　钟志芳
封面设计:李召霞
责任校对:时翠兰
责任印制:朱雨萌

出版发行:清华大学出版社
　　　　网　　址: http://www.tup.com.cn, http://www.wqbook.com
　　　　地　　址: 北京清华大学学研大厦 A 座　　邮　编: 100084
　　　　社 总 机: 010-62770175　　邮　购: 010-83470235
　　　　投稿与读者服务: 010-62776969, c-service@tup.tsinghua.edu.cn
　　　　质量反馈: 010-62772015, zhiliang@tup.tsinghua.edu.cn
　　　　课件下载: http://www.tup.com.cn,010-83470236

印 装 者:天津安泰印刷有限公司
经　　销:全国新华书店
开　　本: 186mm×240mm　　印　张: 11.25　　字　数: 252 千字
版　　次: 2021 年 8 月第 1 版　　印　次: 2021 年 8 月第 1 次印刷
印　　数: 1~2000
定　　价: 49.00 元

产品编号: 090986-01

前言
PREFACE

  自动驾驶带着无穷魅力闯入了人们的生活。最近几年，自动驾驶车辆已经逐步发展成熟，以润物细无声的方式进入了人们的生活中。例如：谷歌、优步、百度、宇通等公司的自动驾驶汽车已经在多个国家的公共道路上行驶运营；京东、顺丰公司的物流仓库大量的自动分拣车在繁忙有序地分拣货物；国家图书馆、鸟巢等公共场所自动清洁小车不辞辛劳地全天候尽职工作；各种封闭园区自动驾驶售货车、自动驾驶摆渡车正在为人们提供便捷的服务；矿山、隧道里开始运行自动驾驶运输车；公安系统使用自动驾驶警务车为社会提供更加安全、高效的治安管理服务；2020年疫情下的武汉，自动驾驶无人车积极承担了大量医疗物资运输、医疗垃圾倾倒的工作，为抗击疫情的胜利贡献了一份力量……自动驾驶已经走入人们生产和生活的方方面面，与人们一起共同开创着更加便捷、安全、自由、美好的生活。

  自动驾驶车辆实质上就是一种轮式自主运动智能机器人。自动驾驶是融合了传统车辆工程、人工智能和物联网等新兴学科的交叉学科，近年来自动驾驶领域取得了巨大的进步。自动驾驶技术经过十多年的研发与实验已日趋成熟，自动驾驶相关的政策法规、行业规范都在不断出台，自动驾驶产业上下游的企业经过多年的积淀和发展，在市场中逐步找到了自身的定位，并不断降低自动驾驶的进入门槛，开创多样的自动驾驶应用模式。自动驾驶在未来的一段时间内，必将颠覆性地改变人们的出行方式，并会进一步改变人们的生产、生活方式，甚至在更多领域掀起革命性的变革。

  在自动驾驶成为行业风口的宏观背景下，先进的自动驾驶技术吸引了很多优秀的科学家、工程师、教师、学生、企业家和创业者参与其中。当前自动驾驶行业的困境之一仍然是面对即将到来的爆炸式增长的市场空间，缺乏足够多的技术人员和运行维护人员支撑自动驾驶行业的顺利运转。基于这个原因，部分龙头企业已经开始和国内大、中专院校进行深入合作，开展自动驾驶学科建设和科研平台建设，创新人才培养模式，布局自动驾驶的教育产业市场。目前郑州航空工业管理学院与新石器慧通（北京）科技有限公司签约部署了中部地区第一家全方位校企合作产学研用基地，创设了自动驾驶校企合作联合实验室。

  本书是郑州航空工业管理学院自动驾驶实验室几位教师在自动驾驶浪潮下敏锐而积极的一次尝试。编写本书的目的是希望能够为自动驾驶领域的研究平台建设、自动驾驶行业的人才储备、国家人工智能科技的发展起到一定的促进作用。作者结合自身和新石器慧通（北京）科技有限公司在自动驾驶领域的技术积累，对全书进行了深入梳理和细致总结，阐述了自动驾驶的当前发展情况和关键技术环节,以及自动驾驶的宏观发展环境等内容。本书理论结合实践,适合自动驾驶行业研究人员、从业人员和各类高等院校学习自动驾驶的学生参考。

由于自动驾驶是一门很新的交叉学科,涉及大量新概念、专业知识和专业术语,而作者水平所限,书中不足之处在所难免,恳请读者给予批评和指正,以使本书再版时能够不断改进,精益求精,在此致以诚挚的感谢!

作　者

2021 年 7 月

目 录
CONTENTS

第1章 自动驾驶概论 ... 1
1.1 自动驾驶基本概念 ... 1
    1.1.1 自动驾驶的定义 ... 1
    1.1.2 自动驾驶的优势 ... 2
    1.1.3 自动驾驶的分级 ... 3
1.2 自动驾驶关键技术 ... 6
    1.2.1 环境感知与定位 ... 7
    1.2.2 路径规划与决策 ... 11
    1.2.3 控制执行 ... 11
1.3 自动驾驶发展历程 ... 13
    1.3.1 国外自动驾驶发展历程 ... 13
    1.3.2 我国自动驾驶发展历程 ... 14
1.4 自动驾驶应用场景 ... 16
    1.4.1 中高速场景 ... 16
    1.4.2 低速场景 ... 17
    1.4.3 特殊场景 ... 17
1.5 自动驾驶路测牌照发放情况 ... 18
本章小结 ... 18

第2章 自动驾驶基本结构与组成 ... 19
2.1 总体结构概述 ... 19
2.2 自动驾驶系统结构 ... 19
2.3 无人车硬件结构 ... 20
    2.3.1 线控系统 ... 21
    2.3.2 传感器系统 ... 21
    2.3.3 计算单元 ... 22
2.4 无人车软件结构 ... 23
2.5 车联网系统介绍 ... 24
    2.5.1 车联网系统硬件组成 ... 25
    2.5.2 车联网系统架构 ... 26
    2.5.3 无人车应用实例 ... 31

本章小结 ·· 32

第 3 章 自动驾驶感知与定位系统 ·· 33
3.1 自动驾驶感知与定位系统概述 ··· 33
3.2 自动驾驶感知传感系统 ··· 33
3.2.1 视觉传感器 ·· 33
3.2.2 激光雷达 ··· 35
3.2.3 毫米波雷达 ·· 39
3.2.4 超声波雷达 ·· 40
3.3 传感器的标定 ·· 43
3.3.1 IMU 的标定 ··· 43
3.3.2 相机的标定 ·· 43
3.3.3 激光雷达和组合惯导标定 ·· 44
3.3.4 相机和激光雷达标定 ··· 45
3.4 传感器数据融合 ··· 47
3.4.1 传感器数据融合介绍 ··· 47
3.4.2 自动驾驶传感器数据融合 ·· 48
3.4.3 自动驾驶传感器数据融合示例 ·· 50
3.4.4 多传感器融合数据处理 ··· 50
3.4.5 传感器数据融合算法 ··· 52
3.5 环境感知与预测 ··· 54
3.5.1 环境感知理论概述 ·· 54
3.5.2 环境感知算法与应用实例 ·· 54
3.6 定位系统 ·· 59
3.6.1 定位理论概述 ·· 59
3.6.2 定位传感器 ·· 60
3.6.3 定位技术 ··· 61
本章小结 ·· 66

第 4 章 自动驾驶决策与规划 ·· 67
4.1 自动驾驶决策与规划概述 ·· 67
4.2 决策与规划体系结构 ·· 68
4.2.1 分层递阶式体系结构 ··· 68
4.2.2 反应式体系结构 ··· 69
4.2.3 混合式体系结构 ··· 70
4.3 决策与规划系统的关键环节 ··· 71
4.4 自动驾驶的路径规划技术 ·· 72
4.4.1 基于图搜索的路径规划算法 ··· 72
4.4.2 基于最优化的路径规划算法 ··· 74
4.4.3 基于随机采样的路径规划算法 ·· 75
4.4.4 基于曲线拟合的路径规划算法 ·· 75

  4.5 自动驾驶的行为决策方法 ·· 76
    4.5.1 基于规则的行为决策方法 ··· 77
    4.5.2 基于强化学习的行为决策方法 ·· 78
    4.5.3 基于强化学习的行为决策在无人驾驶中的优势 ·· 81
  4.6 自动驾驶的运动规划 ·· 82
    4.6.1 局部路径规划方法 ·· 82
    4.6.2 动态窗口局部运动规划算法(DWA) ··· 83
  本章小结 ·· 84

第5章 自动驾驶控制系统 ··· 85

  5.1 控制系统概述 ··· 85
  5.2 无人车控制架构设计 ·· 85
  5.3 自动驾驶控制核心技术 ·· 87
    5.3.1 车辆纵向控制 ·· 87
    5.3.2 车辆横向控制 ·· 88
  5.4 自动驾驶控制方法 ··· 90
    5.4.1 传统控制方法 ·· 90
    5.4.2 智能控制方法 ·· 91
  5.5 自动驾驶控制技术方案 ·· 92
    5.5.1 基于规划-跟踪的间接控制方案 ··· 92
    5.5.2 基于人工智能的直接控制方案 ·· 93
  5.6 人机交互系统 ··· 95
    5.6.1 人机交互系统的作用和意义 ··· 95
    5.6.2 智能汽车人机交互系统的发展现状 ··· 96
    5.6.3 人机交互系统的核心技术 ·· 98
    5.6.4 人机交互系统的发展趋势 ·· 99
  本章小结 ·· 100

第6章 自动驾驶线控系统与动力电池系统 ·· 101

  6.1 线控系统概述 ··· 101
  6.2 线控转向系统 ··· 102
    6.2.1 线控转向系统的结构 ··· 102
    6.2.2 线控转向系统的工作原理 ·· 102
    6.2.3 线控转向系统的优点 ··· 103
    6.2.4 线控转向系统的控制逻辑 ·· 103
    6.2.5 线控转向系统的发展方向 ·· 104
  6.3 线控制动系统 ··· 105
    6.3.1 线控制动系统的分类 ··· 105
    6.3.2 线控制动系统的结构 ··· 107
    6.3.3 线控制动系统的基本工作原理 ·· 107
    6.3.4 CBS 系统控制策略 ·· 108

6.3.5　液压式线控制动系统的发展现状 ………………………………………… 109
　　　6.3.6　线控制动系统的优点 …………………………………………………… 109
　6.4　电子驻车制动系统 ………………………………………………………………… 109
　　　6.4.1　电子驻车制动系统的特点 ……………………………………………… 110
　　　6.4.2　电子驻车制动系统的结构 ……………………………………………… 110
　　　6.4.3　电子驻车制动系统的功能及控制逻辑 ………………………………… 112
　　　6.4.4　电子驻车制动系统的发展现状 ………………………………………… 112
　6.5　线控油门系统 ……………………………………………………………………… 113
　　　6.5.1　线控油门系统的基本工作原理 ………………………………………… 113
　　　6.5.2　线控油门系统的优势 …………………………………………………… 114
　6.6　线控换挡系统 ……………………………………………………………………… 114
　　　6.6.1　线控换挡系统概述 ……………………………………………………… 114
　　　6.6.2　线控换挡系统的基本原理 ……………………………………………… 114
　　　6.6.3　线控换挡系统的优势 …………………………………………………… 115
　6.7　电驱动系统 ………………………………………………………………………… 115
　　　6.7.1　电驱动系统的结构与功能 ……………………………………………… 115
　　　6.7.2　电驱动系统的工作原理 ………………………………………………… 115
　　　6.7.3　电驱动系统的特点 ……………………………………………………… 118
　　　6.7.4　电驱动技术的发展方向 ………………………………………………… 119
　6.8　动力电池系统 ……………………………………………………………………… 119
　　　6.8.1　动力电池系统概述 ……………………………………………………… 119
　　　6.8.2　电池系统的基本结构 …………………………………………………… 120
　　　6.8.3　动力电池系统技术的发展方向 ………………………………………… 122
　6.9　整车控制器系统 …………………………………………………………………… 123
　　　6.9.1　整车控制器基本功能 …………………………………………………… 123
　　　6.9.2　上下电控制 ……………………………………………………………… 123
　　　6.9.3　接管控制 ………………………………………………………………… 124
　　　6.9.4　转向控制 ………………………………………………………………… 124
　　　6.9.5　制动控制 ………………………………………………………………… 125
　　　6.9.6　驻车控制 ………………………………………………………………… 127
　　　6.9.7　挡位控制 ………………………………………………………………… 127
　　　6.9.8　驱动控制 ………………………………………………………………… 127
　　　6.9.9　灯光控制 ………………………………………………………………… 129
　　　6.9.10　故障安全控制 ………………………………………………………… 129
　本章小结 …………………………………………………………………………………… 130
第7章　自动驾驶发展环境 …………………………………………………………………… 131
　7.1　自动驾驶发展环境概述 …………………………………………………………… 131
　7.2　国外自动驾驶发展 ………………………………………………………………… 133
　　　7.2.1　美国自动驾驶发展 ……………………………………………………… 133

		7.2.2 欧洲各国自动驾驶发展	133
		7.2.3 日本自动驾驶发展	135
		7.2.4 新加坡自动驾驶发展	135
	7.3	国内自动驾驶政策环境与发展规划	136
	7.4	自动驾驶关键技术发展趋势	139
		7.4.1 传感感知	140
		7.4.2 决策与控制	141
		7.4.3 辅助平台与技术	142
	7.5	自动驾驶产业链市场发展分析	145
		7.5.1 自动驾驶要素市场发展情况	145
		7.5.2 中国高等级自动驾驶产业发展趋势	148
	7.6	自动驾驶行业发展主要限制因素和风险	160
		7.6.1 发展限制	160
		7.6.2 风险提示	160
	本章小结		161
参考文献			162

第1章 自动驾驶概论

CHAPTER 1

近年来,自动驾驶技术在人工智能和汽车行业的结合下飞速发展,日益成为行业焦点。应用自动驾驶技术可以全面提升汽车驾驶的安全性、舒适性,满足更高层次的市场需求,为汽车产业的发展带来了新的变革动力。各大传统车企、互联网科技公司、技术型创业公司依托各自在资金、技术、渠道资源等优势,纷纷抓住产业升级机会,切入自动驾驶领域,自动驾驶技术迎来了蓬勃发展的阶段。

本章首先介绍自动驾驶的定义、优势、分级等基本概念,然后介绍自动驾驶关键技术、发展历程和应用场景,最后介绍目前各城市自动驾驶车辆牌照发放情况。

1.1 自动驾驶基本概念

1.1.1 自动驾驶的定义

自动驾驶一般指车辆通过车身上布置的各传感器(雷达、摄像头等),对周围环境进行感知并做出决策控制,在不需要驾驶员操作的情况下驾驶车辆。自动驾驶汽车(Autonomous Vehicles/Self-piloting Automobile)又称无人驾驶汽车、计算机驾驶汽车或轮式移动机器人,是一种通过计算机系统实现无人驾驶的智能汽车。具体来说,自动驾驶汽车依靠人工智能、视觉计算、雷达、监控装置和全球定位系统的协同合作,可以让计算机在没有人类干预的情况下,对其自动安全地操作,自动驾驶场景示例如图1-1所示。

图 1-1 自动驾驶场景示例

自动驾驶技术是汽车产业与现代传感、信息与通信、自动控制、计算机和人工智能等新一代信息技术深度融合的产物,其本质是汽车产业的转型升级,是目前世界公认的汽车发展方向。据全球管理咨询公司麦肯锡(McKinsey)预测:2030年售出的新车中,自动驾驶汽车的比例将达到15%,并且中国有潜力成为全球最大的自动驾驶出行市场。

1.1.2 自动驾驶的优势

1. 提高驾驶安全性

汽车自问世以来,在方便人们出行的同时也带来了严重的安全问题。据统计,全世界每年约120万人死于交通事故,其中超过90%的事故由人为原因造成,自动驾驶技术的出现有望成为解决这一问题的最大希望。由计算机系统自动驾驶的汽车能够360°全方位地观测当前路况,对驾驶路线、速度等有着更准确的判断和预测,并能对驾驶策略进行及时和准确的调整。自动驾驶系统不会受到人类驾驶者的生理因素的限制:它不会醉驾、不会疲劳驾驶、不会受情绪不佳的状况困扰,也不会随意超速,能准确地知道如何避开其他司机视野的盲点,对所能遇到的潜在危机会做出比人类更为迅速的反应。这些都使得自动驾驶技术可以有效地减少交通事故率和人员伤亡。谷歌预言:"自动驾驶汽车可减少99%由于人类疏忽大意而造成的交通事故死亡。"

2. 减小驾驶者的劳动强度

对于用户而言,自动驾驶汽车可以完成绝大部分驾驶的动作,比如入挡、加速、刹车、转弯,都可以由计算机系统自动处理。用户需要做的可能就是启动汽车,打开无人驾驶系统,必要时再稍加控制就可以了。这样一来,用户可以不用将全部精力放在驾驶上,甚至可以在车上从事休息、娱乐、学习或者工作等事情。

3. 降低驾驶者门槛

传统的非自动驾驶车辆,对驾驶者都是有一定要求的,比如年龄和身体状况,许多人都会因为不满足于条件而无法申领驾驶执照,也就开不了汽车。自动驾驶汽车出现,则让汽车驾驶的申请门槛大为降低甚至接近消除:低龄、超龄人只要能够通过自动驾驶系统的操作培训,也能获得驾驶证;而对于失明、失聪或者肢体不健全等各类残障人士,则可以通过语音、手势等形式的指令控制汽车。

4. 缓解交通拥堵

众所周知,城市交通拥堵目前是全球性难题。一旦自动驾驶汽车逐步投放并构成交通系统的一部分,这个问题将在很大程度上得以缓解。一是车载传感器将能够与智能交通系统协同运行,对交叉路口的车流进行优化,红绿灯的时间间隔会根据某些街道的车流量而进行实时动态调整,从而减少拥堵。二是自动驾驶汽车都是通过计算机系统控制,对于即时路况等信息的掌握要比人类驾驶者要更及时、准确。无人驾驶系统还可以通过车上的传感器和网络,接收附近设有的灯号、限速、警示标志等信息,从而对巡航的速度进行调整。在这样的前提下，车辆的平均行驶速度可以定得更高，车辆之间的安全距离可以降低，从而让道路的容量得以提升，减少交通拥堵的情况。谷歌公司无人驾驶研发部门预测：当自动驾驶汽车被广泛地投入日常生活使用后，只需当前汽车总量的30%即可满足大众的出行需要，届时交通拥堵问题将会得到真正有效的解决。

5. 减少空气污染

汽车尾气排放长期以来一直是造成空气质量下降的主要原因之一。研究表明自动驾驶技术能提高燃料效率，通过更顺畅的加速、减速等操作，能比手动驾驶提高4%～10%的燃料效率，从而减少排放和污染。此外，在自动驾驶时代，注定将是共享出行的天下，车辆的公共交通工具属性将更加凸显，而非传统意义上的私人财产，据预测80%～90%的人将不再拥有私家汽车。车辆数量的大大减少以及车辆利用率的提高，也会起到减少空气污染的效果。

6. 降低驾驶人力成本

人力成本的节约，是自动驾驶技术的直接经济价值体现。自动驾驶的需求空间取决于下游应用领域的市场空间与人力成本占比的大小，以及人力可替代的难易程度。仅以自动驾驶主要落地场景之一的公路物流为例，其2018年的市场规模为4.3万亿元，司机人力成本占比约为22.3%，规模达到0.96万亿。假设其中20%的人工驾驶被自动驾驶替代，替代空间即达0.19万亿，如果激进到50%的替代率，替代空间则有0.48万亿之多。由此可见自动驾驶对降低驾驶人力成本效果显著。

7. 提供移动空间

自动驾驶汽车实现之后，驾乘者可以不再受方向盘和座椅的约束，汽车的布置将不再是以驾驶为中心，车内生活变得更自由、更个性：自动驾驶汽车可以是客厅、会议室、卧室或影院；自动驾驶汽车的载荷不再只是人和货物，可以是餐厅、健身房、酒店、咖啡吧，给人们留下了无尽的想象和发挥空间。

当然，在自动驾驶技术尚未完全成熟和普及的情况下，也存在着安全性不足、价格昂贵、可能被黑客攻击、增加社会失业率、失去驾驶乐趣等问题，这些需要通过持续的技术和产业升级来逐渐克服和解决。

1.1.3 自动驾驶的分级

目前全球汽车行业公认的汽车自动驾驶技术分级标准有两个，分别是由NHTSA（National Highway Traffic Safety Administration，美国高速公路安全管理局）和SAE（International Society of Automotive Engineers，国际自动机工程师学会，也译为美国汽车工程师学会）提出的标准。二者的定级差异不大，本书主要介绍SAE J3016自动驾驶分级标准。

2020年3月，我国工信部发布《汽车驾驶自动化分级》推荐性国家标准报批公示，拟定于2021年1月1日正式实施，意味着中国将正式拥有自己的自动驾驶汽车分级标准。

1. SAEJ3016 分级标准

SAEJ3016 标准将自动驾驶分为 L0 级～L5 级共 6 个等级,其自动驾驶技术水平也从 0 级～5 级递增,如表 1-1 所示。

表 1-1 SAEJ3016 自动驾驶分级

分级	名称	定义	驾驶操作	周边监控	接管	应用场景
L0 级	人工驾驶	由人类驾驶员全权掌控汽车	人类驾驶员	人类驾驶员	人类驾驶员	无
L1 级	辅助驾驶	由车辆负责完成对方向盘和加减速中的一项操作,人类驾驶员负责其余的驾驶动作	人类驾驶员和车辆	人类驾驶员	人类驾驶员	限定场景
L2 级	部分自动驾驶	由车辆负责完成对方向盘和加减速中的多项操作,人类驾驶员负责其余的驾驶动作	车辆	人类驾驶员	人类驾驶员	限定场景
L3 级	条件自动驾驶	由车辆完成绝大部分驾驶操作,人类驾驶员需保持注意力集中以备不时之需	车辆	人类驾驶员	人类驾驶员	限定场景
L4 级	高度自动驾驶	由车辆完成所有驾驶操作,人类驾驶员无须保持注意力,但限定道路和环境条件	车辆	车辆	车辆	限定场景
L5 级	完全自动驾驶	由车辆完成所有驾驶操作,人类驾驶员无须保持注意力	车辆	车辆	车辆	所有场景

L0 级(人工驾驶):根据 SAE 的定义,L0 级的自动驾驶仅能提供警告和瞬时辅助。值得注意的是,主动刹车、盲点监测、车道偏离预警和车身稳定系统都属于 L0 级的自动驾驶。

L1 级(辅助驾驶):能够帮助驾驶员完成某些驾驶任务,且只能帮助完成一项驾驶操作。驾驶员需要监控驾驶环境并准备随时接管。代表性技术应用有车道保持系统、定速巡航系统。

L2 级(部分自动驾驶):可以同时自动进行加减速和转向的操作,也意味着自适应巡航功能和车道保持辅助系统可以同时工作。目前很多豪华车辆搭载的便是这一级别自动驾驶系统。

L3 级(条件自动驾驶):车辆在特定环境中可以实现自动加减速和转向,不需要驾驶员的操作。驾驶员可以不监控车身周边环境,但要随时准备接管车辆,以应对自动驾驶处理不了的路况情况。目前搭载这一级别自动驾驶系统的车辆(尤其乘用车)的商业落地进程正在推进中。

L4级(高度自动驾驶):可以实现驾驶全程不需要驾驶员,但是会有限制条件,例如限制车辆车速不能超过一定值,且驾驶区域相对固定。实现L4级自动驾驶后已经可以不需要安装刹车和油门踏板了。目前搭载这一级别自动驾驶系统的车辆已经在一些中低速非载人应用场景中实现量产和商业落地。

L5级(完全自动驾驶):完全自适应驾驶,适应任何驾驶场景。但是涉及法律、高科技突破等限制,目前还需要进一步深入研发,对应的产品目前还没有实现。

2. 中国自动驾驶汽车分级标准

中华人民共和国工业和信息化部在《汽车驾驶自动化分级》的制定过程中,参考了SAEJ3016的L0级～L5级的分级框架,并结合中国当前实际情况进行调整,如表1-2所示。

表1-2 汽车驾驶自动化分级

分级	名称	车辆横向和纵向运动控制	目标和事件探测与响应	动态驾驶任务接管	设计运行条件
0级	应急辅助	驾驶员	驾驶员及系统	驾驶员	有限制
1级	部分驾驶辅助	驾驶员和系统	驾驶员及系统	驾驶员	有限制
2级	组合驾驶辅助	系统	驾驶员及系统	驾驶员	有限制
3级	有条件自动驾驶	系统	系统	动态驾驶任务接管用户(接管后成为驾驶员)	有限制
4级	高度自动驾驶	系统	系统	系统	有限制
5级	完全自动驾驶	系统	系统	系统	无限制

0级(应急辅助):系统具备持续执行部分目标和事件探测与响应的能力,当驾驶员请求驾驶自动化系统退出时,能够立即解除系统控制权。

1级(部分驾驶辅助):系统具备与车辆横向或纵向运动控制相适应的部分目标和事件探测与响应的能力,能够持续地执行动态驾驶任务中的车辆横向或纵向运动控制。

2级(组合驾驶辅助):系统具备与车辆横向和纵向运动控制相适应的部分目标和事件探测与响应的能力,能够持续地执行动态驾驶任务中的车辆横向和纵向运动控制。

3级(有条件自动驾驶):系统在其设计运行条件内能够持续地执行全部动态驾驶任务。

4级(高度自动驾驶):系统在其设计运行条件内能够持续地执行全部动态驾驶任务和执行动态驾驶任务接管。

5级(完全自动驾驶):系统在任何可行驶条件下持续地执行全部动态驾驶任务和执行动态驾驶任务接管。

中国的汽车驾驶自动化分级标准与SAE的分级标准差别不大,这是为了减少不必要的分歧。不同点在于:SAE将AEB(Autonomous Emergency Braking,自动紧急制动)等安全辅助功能和非驾驶自动化功能都放在L0级，归为人工驾驶，即"无自动化"，而中国的《汽车驾驶自动化分级》则将其称为"应急辅助"，与无自动化功能分开。此外，中国版标准在"3级驾驶自动化"中明确增加了对驾驶员接管能力监测和风险减缓策略的要求，以明确最低安全要求，减少实际应用中的安全风险。

1.2 自动驾驶关键技术

自动驾驶是一个多学科交叉融合的研究领域，和人手工驾驶一样，同样需要解决三个问题：我在哪？我要去哪？如何去？分别对应环境感知和精确定位、路径规划和决策、线控执行三大核心内容。事实上智能化汽车是集环境感知、规划决策、执行控制、多等级辅助驾驶等功能于一体的综合系统，如图1-2所示。智能化汽车的研究涉及计算机、通信、人工智能及先进自动控制等高新技术。汽车智能化发展的关键技术主要包括环境感知技术、车辆协同控制技术及行驶优化技术、人-机交互与驾驶权分配技术、数据安全及平台软件和基础设施、技术法规及验证平台等。自动驾驶的关键技术可以按照图1-3分类绘制，各技术模块内部细分如图1-4所示。

自动驾驶汽车的技术研究通常划分为两个阶段：一个是单车智能阶段；另一个是车联网阶段。单车智能的技术核心是使汽车机器人化，即能够通过综合应用毫米波雷达、激光雷达和光学摄像头等多种传感器来帮助汽车感知车身周围的环境，然后车载计算设备根据环境的变化，结合通过CAN总线上收集的汽车工况信息，综合计算出下一秒的控制策略。随后车载计算设备将控制指令发送到汽车自动控制机构里执行，形成一个闭环控制系统。这方面的研究无须将自动驾驶汽车并入联网系统，在人工智能算法基础上通过自身传感器获取的信息并结合环境模型给出运动控制策略，因此定义为单车智能。

近年来，物联网、云计算、大数据、移动互联等新技术蓬勃兴起并不断向传统行业渗透。在汽车行业，对应的趋势称为汽车网联化（车联网）。汽车网联化是指基于通信互联，使汽车具有环境感知、决策和运动控制能力。车联网是车内网（通过应用成熟的总线技术建立一个标准化的整车网络）、车载移动互联网（车载终端通过通信技术与互联网进行无线连接）和车际网［基于专用短程通信技术（DSRC）技术和无线局域网的动态网络］三网融合的技术。在车联网环境中，车辆位置、速度和路线等信息构成庞大的交互数据网络。通过全球定位系统（GPS）、射频识别（RFID）、传感器、摄像头图像处理等装置，车辆可以完成自身环境和状态信息的采集；通过互联网技术，所有车辆可以将自身的各种信息传输汇聚到远程中央处理器；通过计算机技术，大量车辆的信息可以被统筹分析和处理，并返回给车辆使用。从汽车的角度来看，车联网使得车与车、车与基站、基站与基站之间能够通信，从而获得实时路况、道路信息、行人信息等一系列交通信息，从而提高驾驶安全性、减少拥堵、提高交通效率、提供车载娱乐信息等。车联网对于车辆本身而言，主要功能包括：

（1）信息服务和管理，主要体现在车载服务和互联娱乐上。

精确的定位与导航
依靠精准地图的研发以及充分利用卫星导航技术精确定位车身位置，无人驾驶汽车就能实现最优化的路径规划。为了实现定位的准确，汽车需要将定位数据和收集到的实时数据进行综合，以保证在汽车不断前进的过程中，车内的实时地图也会及时更新。

用于观察前方的前置视觉系统
挡风玻璃上方安装的摄像机可以更好地帮助汽车识别车前的物体，包括行人、其他车辆情况等。这个摄像机还会负责记录行驶过程中的道路状况和交通信号标志，而控制软件则会对这些信息进行分析，给出信号。

雷达（激光或毫米波）系统
装在车顶上方的旋转式激光雷达或77GHz的毫米波雷达，能探测前方150m范围内物体的距离。通过控制算法创建出环境模型，帮助汽车识别道路上潜在的危险。

近距雷达和环视系统
无人驾驶汽车的前、后保险杠上安装有四个雷达，在车的前、后、左、右各安装了一个摄像头，它们能够了解周围车况，配合汽车周边环境检测及控制算法，帮助汽车实现变道、自动泊车等。

车联网系统
车联网系统是指车与车、车与人、车与路、车与云数据等交互，实现车辆与公众网络通信的动态移动通信系统。它可以通过车与车、车与人、车与路的互联互通，实现信息共享，收集车辆、道路和环境的信息，并在信息网络平台上对多源采集的信息进行加工、计算、共享和安全发布，根据不同的功能需求对车辆进行有效的引导与监管，并提供专业的多媒体与移动互联网应用服务。

控制系统
所有传感器收集到的数据及车联网平台的数据，都会在汽车的电子控制单元（ECU）上进行计算和整合，进而控制汽车自动驾驶，实现安全、舒适、畅行、绿色的用户服务。

图 1-2　自动驾驶汽车结构模块

（2）提高车辆传感和感知条件，为汽车的自主规划和决策提供更丰富的外在资源和参考［如交通信息、道路地理信息、车与外界的信息交换技术（V2X）、大数据、云计算等］，使得汽车更安全、更节能和更舒适。当然，车联网还可以提供智能化交通管理、紧急救援等社会性功能。

1.2.1　环境感知与定位

自动驾驶感知层包括环境感知与车辆运动感知两种类型。自动驾驶感知层主要的关键技术包括环境感知与多传感器信息融合技术、感知与在线智能检测技术、汽车行驶状态估计方法、交通车辆与行人行为预测、车载与网联信息融合技术、V2X 通信模块集成技术等。这一层的主要功能和目的是利用激光、毫米波、超声波雷达、摄像头等车载传感器和通过车联网获取的多源数据,为车辆提供规划决策所需的必要条件。而提高信息的可靠性、安全性及高精度和可信度也需要充分考虑。

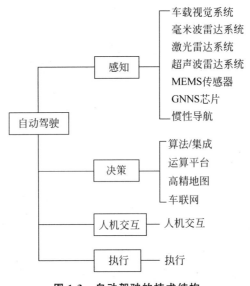

图 1-3 自动驾驶的技术结构

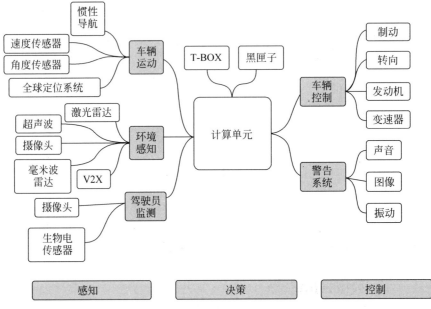

图 1-4 自动驾驶技术内部细分模块

环境感知是无人驾驶的重要组成部分。为了确保自动驾驶汽车对环境的理解和把握,自动驾驶系统的环境感知部分需要如同人类的眼睛一样,能识别周边的车辆、障碍物、行人、可行驶区域和交通规则等各种路况信息。环境感知部分通过传感器采集周边和自身信息,实时发送给处理器,进一步形成对周边环境的认知模型。从尺度上划分,环境感知包括定位和环境扫描两个层次。环境感知是无人驾驶系统其他技术的数据基础,为无人驾驶提供了本车和周围其他车辆等障碍物的位置、相对距离、相对速度等信息,从而为路径规划、实时决策和行车控制提供依据。按照适用距离、适用环境、精度、抗干扰能力不同的要求来选择环境扫描传感器。目前常用的传感器类型包括激光雷达、摄像头、毫米波雷达、超声波传感器、红外线传感器等。各种常用传感器的性能比较如表1-3所示。

表1-3 自动驾驶环境感知主要传感器的性能比较

性能	激光雷达	毫米波雷达	超声波雷达	摄像头	红外线
成本	很高	适中	很低	适中	适中
探测角度	约15°~360°	约10°~70°	约120°	约30°	约30°
远距离探测	强	弱	弱	弱	一般
夜间环境	强	强	强	弱	强
全天候	弱	强	弱	弱	弱
温度稳定性	强	强	弱	强	一般
车速测量能力	弱	强	一般	弱	一般
路标识别	×	×	×	√	×

仅凭环境感知并不能保证车辆的安全行驶。车辆运动感知通过MEMS(Micro Electromechanical System,微机电系统)、GNSS(Global Navigation Satellite Systems,全球卫星导航系统)、IMU(Inertial Measurement Unit,惯性测量单元)等传感器为自动驾驶车辆提供速度、位置、姿态等信息。环境感知和车辆运动感知一起为自动驾驶提供决策层需要的所有信息。定位是车辆运动感知中极为重要的内容。定位精度需要达到厘米级别才能保证驾驶的安全和高效,因此不能依靠单一的导航进行定位。自动驾驶汽车的定位导航主要从高精地图、GNSS、IMU等几个方面展开。

(1)高精地图:具有精度高(厘米级)、数据实时性强、数据维度多(高丰富度)等特点,能为车辆环境感知提供辅助,提供超视距路况信息,并能帮助车辆进行规划决策(图1-5为高精地图示例)。

(2)GNSS:GNSS是能在地球表面或近地空间的任何地点为用户提供全天候的三维坐标和速度以及时间信息的空基无线电导航定位系统,包括一个或多个卫星星座及其支持特定工作所需的增强系统。目前全球4大卫星导航系统供应商分别为:美国的全球定位系统(GPS)、俄罗斯的格洛纳斯卫星导航系统(GLONASS)、欧盟的伽利略卫星导航系统(GALILEO)和中国的北斗卫星导航系统(BDS)。图1-6为差分GPS技术高精度定位示例。

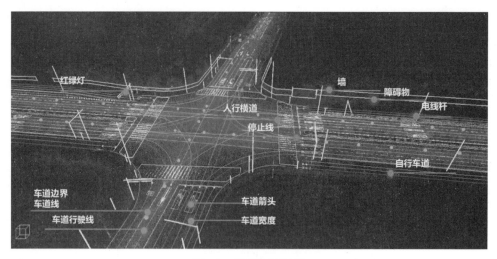

图 1-5 高精地图示例

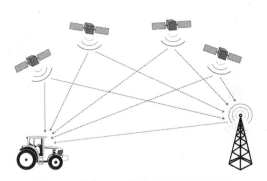

图 1-6 差分 GPS 技术高精度定位示例

（3）IMU：IMU 是利用汽车的初始速度、加速度和初始位置计算汽车位置和速度的装置，其核心是三轴加速度计的传感器和陀螺仪。IMU 的更新频率很快，但其运动误差随时间而线性增加，所以只能用于短时间测量。结合 GPS 和 IMU 可以解决 GPS 更新频率低的问题，其原理如图 1-7 所示。

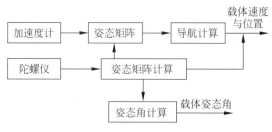

图 1-7 IMU 原理框图

1.2.2 路径规划与决策

路径规划与决策是汽车实现自主驾驶的核心部分,其目的是对采集的信息进一步处理,根据所获取的信息进行规划和决策,实现辅助驾驶和自主驾驶。

智能汽车网络架构和控制如图 1-8 所示,可以看到规划决策层和执行控制层构成了汽车上下层控制框架。规划与决策在整车控制单元中进行,决策系统的任务是根据全局行车目标、自车状态及环境信息等决定驾驶行为、路径规划、速度规划等问题,决策机制应在保证安全的前提下适应尽可能多的工况,进行舒适、节能、高效的正确决策。

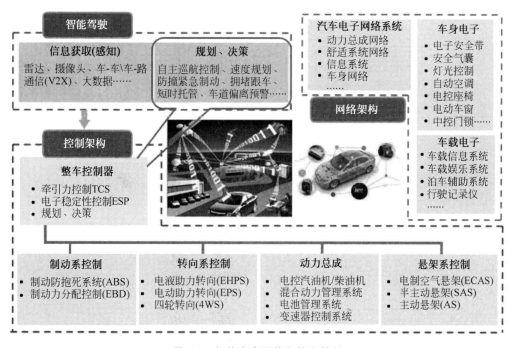

图 1-8 智能汽车网络架构和控制

自动驾驶系统中普遍运用汽车路径规划。路径规划是指在一定的环境模型基础上,给定自动驾驶汽车起始点和目标点后,按照性能指标规划出一条无碰撞、能安全到达目标点的有效路径。

路径规划主要包含两个步骤:①建立包含障碍区域与自由区域的环境地图;②在环境地图中选择合适的路径搜索算法,快速实时地搜索可行驶路径。路径规划结果对车辆行驶起着导航作用。它引导车辆从当前位置行驶到达目标位置,示例如图 1-9 所示。

1.2.3 控制执行

车辆控制技术是在环境感知的基础之上,根据路径规划模块决策规划出的目标轨迹,通过对转向、驱动、制动等方面的控制,执行规划决策模块下发的期望速度和期望转向角度。控制部分按照功能分为转向、驱动、制动和悬架横纵垂向系统等,同时也包括转向灯、喇叭、门窗等的控制,使汽车能够按照目标轨迹准确稳定行驶,并在不同的车速、载荷、风阻、路况下有好的驾乘体验和稳定性(见图1-10)。执行层如何快速响应和执行上层规划的指令,是开发智能系统要重点研究的问题。因此,从控制架构的层面来看,汽车智能驾驶是在整车层面上进行控制的,实现这一目标的前提是整车层面上的协同控制。关键技术有车辆协同控制及行驶优化技术、多目标优化理论及方法、车辆自主运动决策与高精度横纵向跟踪控制技术、综合车辆与环境信息的节能技术、高速近距离跟车/编队行驶技术和极限工况车辆紧急避障技术等。

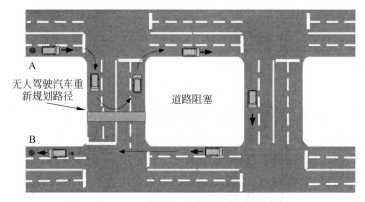

图1-9 自动驾驶路径规划示例

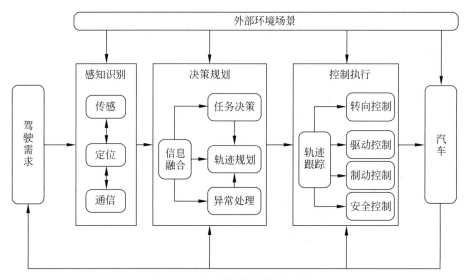

图1-10 自动驾驶控制执行示例

1.3 自动驾驶发展历程

1.3.1 国外自动驾驶发展历程

当今,自动驾驶技术已经成为整个汽车产业的最新发展方向。科研院校、汽车制造厂商、科技公司、无人驾驶汽车创业公司以及汽车零部件供应商都在无人驾驶技术领域进行不断的探索。

20世纪70年代,科技发达国家开始率先进行无人驾驶汽车的研究,发展图谱如图1-11所示。

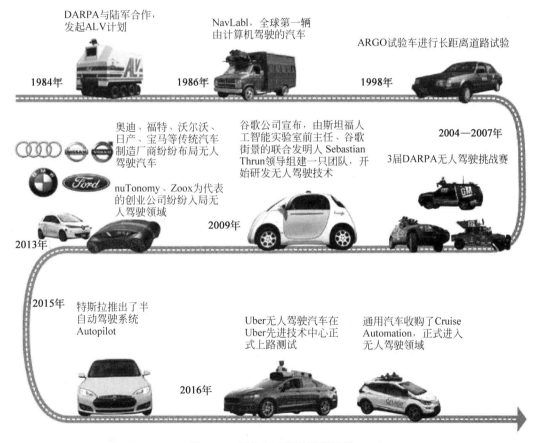

图1-11 国外自动驾驶发展图谱

1984年,美国国防高级研究计划署(DARPA)与陆军合作,发起自主地面车辆(ALV)计划。

1986年,美国卡内基·梅隆大学制造出的NavLab 1算得上是第一辆由计算机驾驶的汽车。自那时开始,奔驰、宝马、奥迪、大众、福特等全球知名汽车巨头开始着手研发自动驾驶技术。

1998年,意大利帕尔马大学的 ARGO 试验车进行了 2000km 的长距离实验,其中 94%路程使用自主驾驶,平均时速为 90km,最高时速为 123km。

2004—2007年,DARPA举办了3届DARPA无人驾驶挑战赛,旨在推进无人驾驶技术更快、更好地发展。DARPA挑战赛是世界上第一个自动驾驶汽车长距离比赛,在这场比赛的背后,孕育了一场有关美国自动驾驶的变革。这三次挑战赛几乎把自动驾驶领域的人才都聚集了起来,在比赛中表现出色的卡内基梅隆大学和斯坦福大学也成为后来自动驾驶行业的"黄埔军校"。

2009年,互联网公司巨头谷歌宣布正式进军自动驾驶领域,自动驾驶迎来爆发期。2012年,谷歌获得自动驾驶汽车路测许可证。2015年,谷歌自动驾驶汽车开始上路进行测试。

2016年,专门从事自动驾驶研发的公司 Waymo 从谷歌独立出来并进入商业化阶段。

2013年起,以特斯拉、Uber、nuTonomy、Zoox等为代表的创业公司纷纷入局自动驾驶领域。2015年,特斯拉推出了半自动驾驶系统 Autopilot,这是第一个投入商用的自动驾驶技术。2016年,Uber 自动驾驶汽车在 Uber 先进技术中心正式上路测试。同年8月,nuTonomy 成为新加坡第一家在试点项目下推出自动驾驶出租车的公司。

2016年,传统汽车制造厂商美国通用公司收购无人驾驶技术初创公司 Cruise Automation,正式进入自动驾驶领域。

2018新款奥迪 A8 是全球首款量产搭载 Level 3 级别的自动驾驶系统的车型,实现 Level 3 级自动驾驶,使驾驶员在拥堵路况下可以获得最大限度的解放。

1.3.2 我国自动驾驶发展历程

与美、欧等发达国家相比,我国在自动驾驶方面的研究起步稍晚,从20世纪80年代末才开始,但赶超速度很快,发展图谱如图1-12所示。

国防科技大学从20世纪80年代末开始研制基于视觉的 CITAVT 系列智能车辆。1992年,国防科技大学成功研制出中国第一辆真正意义上的无人驾驶汽车。

2003年,清华大学成功研制 THMR-V(Tsinghua Mobile Robot-V)型无人驾驶车辆,能在清晰车道线的结构化道路上完成巡线行驶,最高车速超过 100km/h。

2003年,采用了国防科技大学研制的视觉系统的一汽红旗 CA7460 自主驾驶轿车在湖南长沙进行高速公路试验,自主驾驶最高时速达到 130km。

2011年,由一汽集团与国防科技大学共同研制的红旗 HQ3 无人驾驶汽车完成了286km 的面向高速公路的全程无人驾驶试验。

2012年,军事交通学院的"军交猛狮Ⅲ号"以无人驾驶状态行驶 114km,最高时速为105km/h。

2015年,长安汽车发布智能化汽车"654战略",即建立6个基础技术体系平台,开发5

大核心应用技术,分4个阶段逐步实现汽车从单一智能到全自动驾驶。

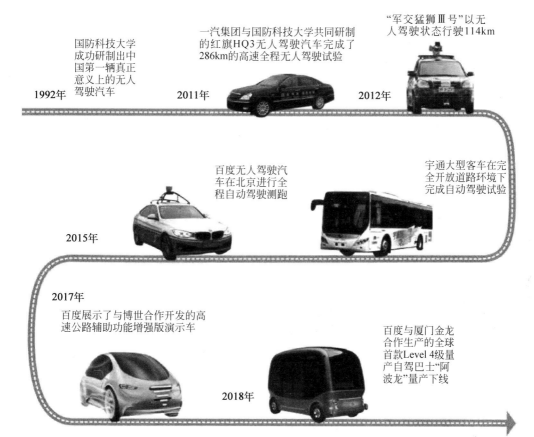

图1-12 国内自动驾驶发展图谱

2015年,宇通大型客车从郑开大道城铁贾鲁河站出发,在完全开放的道路环境下完成自动驾驶试验,这也是国内首次大型客车高速公路自动驾驶试验。

2016年,北京车展上,北汽集团展示了其基于EU260打造的无人驾驶汽车,其搭载的无人驾驶感知与控制设备大部分都采用了国产化采购,为量产打下了基础。

2016年,百度宣布与安徽省芜湖市联手打造首个全无人车运营区域,这也是国内第一个无人车运营区域。

2018年,宇通客车在其2018年新能源全系产品发布会上宣布,已具备面向高速结构化道路和园区开放通勤道路的Level 4级别自动驾驶能力。

2018年,国内自动驾驶初创企业北京新石器在雄安市民服务中心开始投放运营L4级无人车。

2019年,新石器常州工厂投产,在国内率先实现L4级无人驾驶送货车大规模量产。

2020年,新型冠状病毒疫情期间,新石器公司投入18辆L4级无人车在武汉参加了抗击疫情的战斗，落地在雷神山、医院和社区。其他城市有 50 辆无人车，用于防疫、喷洒、消杀和无人配送。

1.4 自动驾驶应用场景

根据自动驾驶车辆应用场景的不同，自动驾驶技术也有相应的侧重点。目前，自动驾驶车辆的应用场景大体可分为 3 大类：中高速场景、低速场景和特殊场景。

1.4.1 中高速场景

中高速场景的特点在于结构化道路，路面平整，车道线、交通标志非常清晰规范，动态障碍物种类单一，多为其他车辆，且对其运动状态的预测较为稳定，几种典型中高速应用场景如图 1-13 所示。

(a) 自动驾驶出租车

(b) 自动驾驶巴士

(c) 自动驾驶物流

图 1-13 自动驾驶中高速应用场景示例

中高速场景下的难点在于速度和转向的控制策略，尤其是速度，需要有较高的实时性和可靠性。几种典型中高速应用场景简单对比如表 1-4 所示。

表 1-4 中高速应用场景对比

场景实例	场景特点	场景效益
自动驾驶出租车（Robo-taxi）	(1) 城市开放道路 (2) 路况复杂 (3) 交通参与者多样	(1) 降低人力成本，缓解用工短缺 (2) 避免人为因素引发事故 (3) 共享化＋电动化，减少尾气排放
干线物流	(1) 结构化道路 (2) 交通参与者少 (3) 商业需求明确	(1) 提高安全性 (2) 降低人力成本 (3) 提高运输效率
无人公交	(1) 载人场景 (2) 路线固定 (3) 开放路段	(1) 解决公交司机招聘难的问题 (2) 降低人力成本

1.4.2 低速场景

低速场景多为半结构化道路,如城市道路、企业园区、机场、大型停车场和景区内的道路等。低速场景的环境较为复杂,车道线或交通标志会出现残缺不清晰的现象,且对行人、车辆、自行车等交通参与者的运动状态难以预测,几种典型低速应用场景如图 1-14 所示。

(a) 无人配送　　　　　　　(b) 无人环卫　　　　　　　(c) 无人零售

图 1-14　自动驾驶低速应用场景示例

低速场景下的难点在于高度可靠的感知技术和安全冗余的决策控制机制。另外,自动驾驶的舒适性、人机交互特性、多车协调等问题也是自动驾驶车辆能否普及的关键问题。典型低速应用场景简单对比如表 1-5 所示。

表 1-5　低速应用场景对比

场景实例	场景特点	场景效益
无人配送	(1) 低速公开场景 (2) 线路固定	(1) 降低人力成本 (2) 提高效率
无人环卫	(1) 速度低 (2) 舒适度无要求 (3) 人机交互简单	(1) 技术成熟 (2) 产品安全 (3) 成本低
封闭园区物流	(1) 低速封闭 (2) 环境艰苦 (3) 不受交规限制	(1) 解决招工短缺问题 (2) 降本增效,延长工作时间 (3) 降低油耗和部件损耗
自主代客泊车	(1) 低速封闭场景 (2) 法律法规限制小	(1) 提升停车场利用率 (2) 缩短寻车位时间 (3) 减小交通拥堵

1.4.3　特殊场景

特殊场景是指在特定应用场景下的道路环境,如在军事用途下,环境恶劣、存在强干扰,某些传感器无法使用,自动驾驶技术需要结合具体环境的特点进行调整。本书对此内容不做详细介绍。

1.5 自动驾驶路测牌照发放情况

发放自动驾驶路测牌照,意味着企业可以进行实车测试,更意味着我国汽车产业弯道超车的重大机遇。2018年3月,上海率先发布国内首张自动驾驶路测牌照,之后全国各地陆续发布相关牌照。根据中国汽车工业信息网统计,截至2019年4月,中国国内已颁发109张自动驾驶路测牌照,包括16个城市。从城市发放牌照数量的角度来看,北京发放数量最高,共59张,占发放总量的比重为56%;其次是重庆,牌照发放数量为12张,占发放总量的11%。

根据统计,这109张自动驾驶牌照分别颁发给了35家企业,其中百度获得51张,独占鳌头。汽车企业获得牌照的主要有上汽、蔚来汽车、一汽、东风、长安、广汽、吉利、PSA、宝马、奔驰、奥迪中国等。109张自动驾驶牌照中有92张为乘用车牌照,17张为商用车牌照,图1-15为路测牌照示例。

图1-15 国内自动驾驶路测牌照示例

特别值得一提的是,2019年9月,武汉市给百度、海梁科技、深蓝科技等3家公司发放了全国也是全球首批自动驾驶商用牌照。获得牌照的智能网联汽车将在国家智能网联汽车武汉测试示范区28km的示范道路上运营,中国自动驾驶技术终于迈出了最关键的一步。

截至2020年2月26日,共有64家公司拥有加州的自动驾驶路测牌照(需配备安全员),涉及整车、零部件供应商、科技公司、出行公司、自动驾驶初创公司等。其中有5家公司获准用自动驾驶汽车运送乘客,包括Aurora、AutoX、小马智行、Waymo和Zoox,而Waymo是唯一一家拥有无人驾驶路测牌照(无须配备安全员)的公司,但未在报告周期内进行路测。其中36家2019年实现路测,24家未进行路测。实现路测的36家公司的测试车辆在自动驾驶模式下测试的累计里程超288万英里(1英里=1.609344千米),比上一年增加80万英里。有6家公司在2019年度测试里程不过100英里,分别是法雷奥、Box Bot、Telenav、宝马、特斯拉和Ridecell。

本章小结

本章主要介绍自动驾驶的概念和特点、国内外对自动驾驶先进程度的分级、自动驾驶的发展历程,以及自动驾驶涉及的关键技术等。通过本章的学习和了解,读者可以对自动驾驶整体情况有一个概貌的了解。本书后续章节将分别针对几项关键技术,以及自动驾驶发展的宏观和微观环境展开叙述。

第 2 章 自动驾驶基本结构与组成

CHAPTER 2

2.1 总体结构概述

本章基于中低速应用环境的 L4 级无人车系统介绍自动驾驶车辆的一般构成。无人车系统一般包括环境感知模块、行为决策模块和运动控制模块三部分。本书后续章节将阐述无人车各部分的详细内容。

自动驾驶车辆和传统车辆的主体结构基本相同。实际上自动驾驶汽车主要就是在传统汽车的硬件结构基础上,通过信息技术、网络技术和人工智能技术赋予车辆自主运行、自动驾驶的能力。区别于传统车辆,通常自动驾驶车辆通过增加各种先进的传感器,采用信息融合技术让车辆拥有感知周围环境的能力,通过设定智能化的自动驾驶控制算法取代传统意义上的驾驶员对车辆进行操纵和控制,通过网络技术让自动驾驶车辆具有和运维中心之间的远程通信能力和车辆彼此之间的通信能力等。

另外,区别于传统车辆,车联网技术是自动驾驶车辆中不可或缺的技术之一。因此本章也将简单介绍车联网技术在自动驾驶系统中的作用。

2.2 自动驾驶系统结构

自动驾驶技术包括环境感知、决策规划和车辆控制三大部分,类似于人类驾驶员在驾驶过程中,通过视觉、听觉、触觉等感官系统感知行驶环境和车辆状态,自动驾驶系统通过配置内部传感器和外部传感器获取自身状态及周边环境信息。通过这些传感器提供海量的全方位行驶环境信息,不同传感器的量测精度、适用范围都有所不同,为有效利用这些传感器信息,需要利用传感器融合技术将多种传感器在空间和时间上的独立信息、互补信息以及冗余信息按照某种准则组合起来,从而提供对环境综合的准确理解。决策规划子系统代表了自动驾驶技术的认知层,包括决策和规划两个方面。决策体系定义了各部分之间的相互关系和功能分配,决定了车辆的安全行驶模式;规划部分用以生成安全、实时的无碰撞轨迹。车辆控制子系统用以实现车辆的纵向车距、车速控制和横向车辆位置控制等,是车辆智能化的最终执行机构。"感知"和"决策规划"对应于自动驾驶系统的"智慧";而"车辆控制"则体现了其"能力",如图 2-1 所示。

图 2-1　自动驾驶系统结构

自动驾驶的核心不在车而在人,是物化驾驶员在长期驾驶实践中,对"环境感知-决策规划-控制执行"过程的理解、学习和记忆。首先,环境感知作为第一环节,处于自动驾驶车辆与外界环境信息交互的关键位置,其关键在于使自动驾驶车辆更好地模拟人类驾驶员的感知能力,从而理解自身和周边的驾驶态势。

其次,决策规划是自动驾驶的关键部分之一。由传感器感知融合信息,然后根据驾驶需求进行任务决策,接着在能避开可能存在的障碍物前提下,通过一些特定的约束条件,规划出两点间多条可选安全路径,并在这些路径中选取一条最优的路径作为车辆行驶轨迹。决策规划按照划分的层面不同可分为全局规划和局部规划两种。

最后,根据决策规划的轨迹目标,控制车辆的油门、刹车和转向等驾驶动作,调节车辆行驶速度、位置和方向等状态,以保证汽车的安全性、操纵性和稳定性。因此,自动驾驶系统将驾驶认知形式化,利用驾驶认知的图表达语言,设计通用的自动驾驶软件结构。在这一结构中,智能决策模块并不直接与传感器信息发生耦合,而是基于多传感器的感知信息、地图和车联网通信等先验信息综合形成的驾驶态势完成自主决策。

2.3　无人车硬件结构

目前业界无人车的硬件结构是在传统车辆硬件的基础上,增设多种传感器和计算平台。主流无人车多采用激光雷达作为主要感知传感器,同时结合摄像头、GPS、IMU、毫米波雷达、超声波雷达等,以 NVIDIA Drive PX2 或 Xavier 作为主要计算平台,在工业 PC 上运行各种算法模块,通过线控技术控制车辆行驶,如图 2-2 所示。

车顶部署了一套 64 线激光雷达,周围部署了多个摄像头,车辆前方部署毫米波雷达,GPS 天线在车后方,后备箱存放工业 PC 和 GPS 接收器等设备。

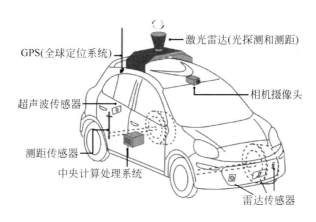

图 2-2 无人车硬件结构

2.3.1 线控系统

传统汽车由发动机、汽车底盘、中控系统和车身等组成。实际上,无人车的车身部分和传统汽车几乎没有区别,只是在传统汽车的基础上,安装了汽车线控系统。传统汽车是通过机械传动的方式对汽车进行转向、刹车等控制,而线控系统是通过电信号对汽车进行转向、刹车等控制。计算机能够更好地控制电信号,这就是为什么无人驾驶车采用线控系统来控制汽车的重要原因。线控系统省去了机械传动的延迟,通过计算机可以更加快速地控制汽车,并且一些辅助驾驶任务也需要线控系统来完成,例如定速巡航、自动避障、车道保持等。线控系统一方面需要接收无人车发出的控制指令,另一方面要把指令执行的结果和车辆的状态反馈给无人驾驶车。

除此之外,线控系统需要能够及时响应控制命令。响应时间是从无人车发出控制命令到汽车执行完成的时间,如果响应时间太长或者响应时间不稳定,会影响无人车的控制。线控系统发送的数据帧不能丢失或者出现错误,如果数据帧丢失或者数据帧出错,可能会造成控制失效,这也是不能接受的。在控制命令出错的情况下,线控系统要提供一系列错误码来通知控制系统,以便控制系统根据错误码获取出错的原因。控制命令越界处理,当控制信号越界时线控系统应当拒绝执行,并且进入人工接管模式。当驾驶员主动控制方向盘、油门或者刹车脚踏板时,线控系统能够主动退出无人驾驶模式。

另外,线控系统最大的问题在于安全性,线控系统如果被破解,黑客甚至可以控制汽车的行驶,成为很大的安全隐患。

2.3.2 传感器系统

为了方便感知周围的环境,无人车用到了各种各样的传感器,这些传感器从功能上划分为两类:环境感知和状态感知。环境感知主要是获取车当前所处的环境信息,包括周围的车辆、行人、交通标志、红绿灯、所处的场景（路口交汇处、停车场、高速公路）等；状态感知主要是获取车自身的状态，包括当前车辆的位置、航向角、速度、俯仰角等信息。

无人驾驶车所用到的传感器包括摄像头、激光雷达、毫米波雷达、超声波传感器、GPS 等。

摄像头：由镜头、镜头模组、滤光片、CMOS/CCD、ISP、数据传输部分组成。主要用于车道线、交通标示牌、红绿灯以及车辆、行人检测，具有检测信息全面、价格便宜的特点，但受雨雪天气和光照的影响较大。

激光雷达：主要用于高精地图制作、障碍物识别、跟踪和自身定位，具有高精度、高分辨率的优势，同时具有建立周边 3D 模型的功能，但其劣势在于对静止物体（如隔离带、护栏等）的探测能力较弱且成本高昂。

毫米波雷达：主要用于交通车辆和行人的检测，具有检测速度快、准确，穿透雾、烟、灰尘的能力强，具有全天候（大雨天除外）全天时检测的特点，但其劣势在于雨、雾和雪等高潮湿环境中信号衰减，以及对树丛穿透能力差和无法检测车道线交通标志等。

定位系统：主要由定位导航卫星、位置接收器和惯性测量单元、基站等组成。GNSS 板卡通过天线接收所有可见 GPS 和实时动态（Real Time Kinematic，RTK）信号后，进行解译和计算得到自身的空间位置。

超声波传感器：主要用于近距离和低矮障碍物探测，避免车辆周围近距离感知盲区。超声波具有易于定向发射、方向性好、强度易控制，与被测量物体不需要直接接触的优点，但易受环境温度影响，测量精度不够。

2.3.3 计算单元

如果说传感器是无人车的眼睛，那么计算单元则是无人车的大脑，传感器采集到的数据经过计算单元的运算，最后才能转换为控制信号，控制汽车的行驶。因此一个性能强劲的大脑显得尤为关键。

无人车运行过程中需要处理各种不同类型的任务，所以目前大部分的无人驾驶计算平台都采用了异构平台的设计。无人车在 CPU 上运行操作系统和处理通用计算任务，在 GPU 上运行深度模型感知任务。操作系统运行在 CPU 上，实现系统调度、进程管理、网络通信等基本功能。还有一部分通用任务也放在 CPU 上，例如定位的 NDT 算法、卡尔曼滤波和控制相关的算法等。环境感知算法运行在 GPU 上，目前主流的深度学习框架都支持通过 GPU 来加速运算，特别是一些图像算法。GPU 的性能和无人驾驶车感知周围环境的能力息息相关；目前也有采用专门用于深度学习的芯片来处理此类任务，例如 Google 的 TPU 等。

另外边缘计算是无人驾驶未来的发展趋势之一，传感器中会逐步集成融合和滤波算法，而不需要把所有的计算全都放在计算平台中完成。典型的应用场景是为了处理摄像头拍摄的大量图像，可以先用 FPGA（Field Programmable Gate Array，现场可编程门阵列）处理，然后输出处理好的结果给计算平台使用，这样不仅可以减轻系统带宽压力，同时还可以加快图片处理速度。

2.4 无人车软件结构

各公司无人车的硬件结构大同小异,但做出来的无人车智能程度却千差万别,核心在于无人车的"自动驾驶大脑"的智能程度不一样,算法软件是从事无人车公司的核心竞争力。各公司的无人车软件结构,虽然千差万别,但至少感知、定位、决策规划控制等模块不可或缺。下面以百度 Apollo 系统的无人车软件结构为例,来讲解无人车的软件结构及各模块的主要功能。

软件结构如图 2-3 所示分为四层,其实自动驾驶系统的核心只有上面三层,即硬件层、软件层和云端服务层。

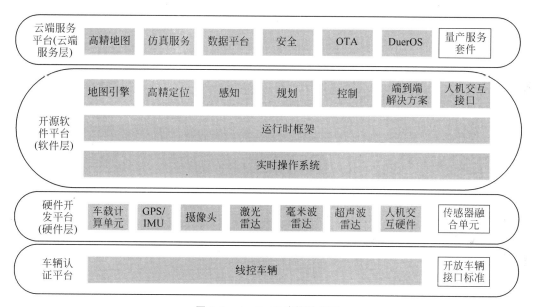

图 2-3 Apollo 系统软件结构

硬件层(Hardware Layer):主要由车载计算单元、GPS/IMU、摄像头、激光雷达、毫米波雷达、超声波雷达、人机交互硬件等计算或感知设备组成。

软件层(Software Layer):该层在 Apollo 结构上也细分了三层,分别是实时操作系统、运行时框架和各应用算法模块。

(1) **实时操作系统**(Real Time Operating System,RTOS):一般是针对自动驾驶定制化的高实时、高并发、低时延的 Linux 操作系统。

(2) **运行时框架**(Runtime Framework):基于操作系统层的各算法模块调度框架,主要负责各模块之间的消息通信、资源分配和运行调度等。目前主要的框架有开源的 ROS(Robot Operating System,机器人操作系统),以及百度自研的 Cybertron 框架。

(3) **各应用算法模块**。具体介绍如下:

① 地图引擎(Map Engine)：提供车道线拓扑结构、红绿灯位置、交通标志位置和类型、道路限速等信息服务，供感知、决策规划、定位等模块查询使用。

② 高精定位(Localization)：为各算法模块提供厘米级的高精度定位信息，包括车辆的世界坐标、车辆姿态和朝向等信息。

③ 感知(Perception)：主要功能为检测车道线标志、识别红绿灯状态、检测跟踪识别车辆、行人，交通标识牌识别等。

④ 规划(Planning)：主要为基于定位信息、感知信息，结合行驶目的地信息，实时对行驶路线做出规划，为自动驾驶车辆提供行驶轨迹点。

⑤ 控制(Control)：基于规划路径，对车辆行驶下发控制命令，主要为转向、油门、制动、灯光、喇叭、车内空调等控制。

⑥ 端到端(End-to-End)解决方案：主要为数据采集、车辆状态和软件监控、在线升级客户端等为云端服务的各软件模块集合。

⑦ 人机交互接口(HMI)：主要为乘客或远程控制员，提供与车辆交互的功能，包括规划行驶路径，打开车载娱乐系统，查看车辆行驶状态等。

云端服务层(Cloud Service Layer)：该层主要运行在分布式计算的云端，为无人车提供各种服务，包括高精地图、仿真服务、数据平台、安全、OTA等。

(1) 高精地图(HD Map)：提供高精地图数据，包括静态地图、反射值地图等，供车端高精地图服务引擎查询或更新使用。

(2) 仿真服务(Simulation Server)：提供评测或训练各算法模块的服务平台，可以基于实车采集的数据，不断丰富更新各种测试场景或训练数据，以提高自动驾驶系统的智能和适应性。

(3) 数据平台(Data Platform)：实时存储从无人车上传来的各种数据，包括感知、车辆状态、行驶轨迹、各软件模块状态、关键log文件等，供云端平台做离线统计、分析、定位问题、训练模型使用。

(4) 安全(Security)：主要是对车端各种外部请求的认证、鉴权等，保证车端和云端的信息安全，避免遭受黑客攻击。

(5) OTA(Over The Air,在线升级)：提供对无人车的各软件模块的升级、数据更新、证书更新等功能，使得无人车随时保持最新的高精地图数据、配置信息和软件模块。

2.5 车联网系统介绍

车联网系统是指通过无线通信技术、计算机技术、网络传输和控制技术，对无人车实现实时的、自动化的、高度集中控制的无人车运行系统。车联网系统的主要功能是实现车地的双向信息传输和运营组织的综合与应急处理。例如实现无人车的自动启动及自动运行、定点停车、全自动驾驶和自动折返等。同时对无人车运行轨迹、定位和车载设备进行监视和检测，对系统进行自动诊断，将设备状况及故障报警信息传送到控制中心，对各种故障和意外情况分门别类,做出处置预案。

车联网系统是一个汇集众多高新技术的综合系统,无人车要想取得长足的发展,有赖于多方面技术的突破和创新。其中作为关键环节的环境信息获取和智能决策控制依赖于传感器技术、图像识别技术、电子与计算机技术与控制技术等一系列高新技术的创新和突破。自动驾驶系统相关的关键技术,包括环境感知、逻辑推理和决策、运动控制、处理器性能等。随着机器视觉(如3D摄像头技术)、模式识别软件(如光学字符识别程序)和光达系统(已结合全球定位技术和空间数据)的进步,车载计算机可以通过将机器视觉、感应器数据和空间数据相结合来控制汽车的行驶。可以说,技术的进步为各家汽车厂商"自动驾驶"的发展奠定了基石。另一方面,还存在一些关键技术问题需要解决,包括车辆间的通信协议规范、有人和无人驾驶车辆共享车道的问题;通用的软件开发平台建立、多种传感器之间信息融合以及视觉算法对环境的适应性问题等。

2.5.1 车联网系统硬件组成

车联网硬件可以分为数据采集部件、数据运算部件、数据回传部件和功能性部件。

数据采集部件:多指传感器或者传感数据的传输部件,如整车CAN总线。CAN总线能够解决传感器数据重复采集的问题。目前车联网的车载终端有很多传感器采集接口,从整车电气角度来看这些接口基本是重复接口,可以直接通过车身模块采集,并由CAN总线传输。

数据运算部件:是指车联网中的一些分析和处理数据的程序。如需要及时提示驾驶员的数据——换挡,就需要计算机模块及时计算反馈,这种运算部件有单独模块形式,也有集成在其他车载模块内的。此外,车辆数据庞大,回传互联网的费用和数据量成正比,所以数据需要压缩处理才能回传,通常集成在车联网车载终端里面。

数据回传部件:基本是车联网车载终端的一个功能,所以车载终端担负了数据的采集、运算、回传等多个功能。有的车载终端还集成影音系统。

功能性部件:一般以复杂的扩展功能为主,其软件运算量已经超出了其他集成设备的能力。最典型的就是主动安全设备,如前向防撞、车道偏离、全景环视等。前向防撞使用毫米波雷达对车辆行进前方道路进行探测,当发现障碍物进入行车范围时给予轻微提醒,如果发现本车速度快于前车速度进行二级提示,当本车速度与前车速度差达到危险阈值时发出强烈报警。车道偏离是通过智能摄像头识别车道线,对比计算出本车即将运行的轨迹,如果发现轨迹偏离车道线,同时驾驶员又没有开启转向灯,则判断车辆无意识偏离,一般认为是疲劳驾驶,对驾驶员予以提示。全景环视是将车顶4边的4个广角摄像头视频图像通过图像处理技术集成一个360°的全景车狭窄道路较长的无盲区行驶。

系统硬件是支撑车联网运行环境的基础,具体功能决定了软、硬件所采用技术的区别。以新石器产品为例,如图2-4所示,应用平台相关应用(如售卖、自检、运输、安防等应用)均集成在VCI设备中,VCI设备是一个基于Android 9.2的车载应用集成环境,不同应用通过Android Apk应用包进行安装和更新。另外共享服务平台中远程驾驶和OTA应用软件均安装在 PDU 设备中，PDU 的集成环境大致与 VCI 设备相同，主要负责远程驾驶和空中下载等技术的实现。PDU 通过车辆总线向车辆底盘控制器发送相关指令和数据，控制车辆的运行。

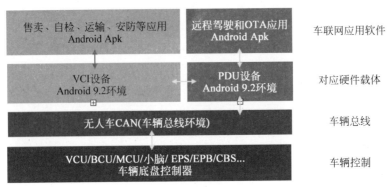

图 2-4　系统硬件环境

2.5.2　车联网系统架构

车联网运营平台主要包含了应用平台、运营管理平台和共享服务平台三大部分，是一套结合移动互联网、人工智能深度学习算法技术的创新型无人驾驶生态闭环运营系统。应用平台包含了目前新石器无人车在各地区的最终业务应用场景（零售、外卖、安防、运输等）。运营管理平台包括 PC 端 SaaS(Software-as-a-Service，通过网络提供软件服务)后台和移动端小程序，可同时提供车辆运营、零售、运输等业务的管理功能，并可基于 OpenAPI 进行定制化开发。共享服务平台类似于底层的操作系统，旨在对外提供一套标准化可供三方调用的开放接口，包括无人车自身的车辆控制以及车辆日常运营中的业务应用。

车联网系统总体架构如图 2-5 所示。以零售业务为例，运维人员通过运营管理平台完成车辆调度、车辆巡航和零售上货补货业务；上述业务的日常运营管理则基于运营管理平台，运营平台以 SaaS 后台系统为主，管理无人车的运单、交易和商品选品，还可以基于大数据可视化系统即时了解选品的销售情况；在上述应用和日常运营管理的底层是共享服务平台，主要面向内部进行数据和用户权限管理、远程驾驶和 OTA 系统，以远程驾驶系统为例，运维人员可以日常监控和接管所辖车辆，解决日常补货业务的闭环同时处理无人车量发生的故障任务，实现整个运营的生态闭环。各部分充分发挥专业技术优势，旨在提高整体业务运营工作效率，降低沟通和业务运营成本，提高整体业务生态运行效率。

1. 共享服务平台

共享服务平台——OpenAPI 系统旨在对外提供一套标准化可供三方调用的开放接口，包括无人车自身的车辆控制以及车辆日常运营中的业务应用。应用编程接口(Application Programming Interface，API)表示将服务封装成一系列计算机易识别的数据接口开放出

第2章 自动驾驶基本结构与组成

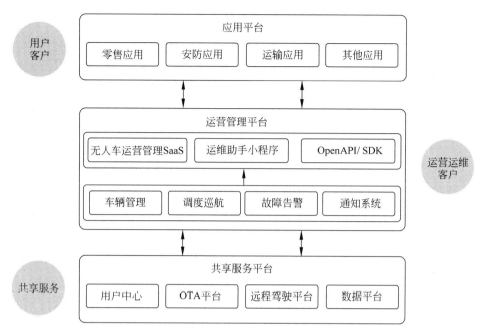

图 2-5 车联网系统总体架构

去,供第三方开发者使用,这种行为称为开放的 API(OpenAPI)。针对无人车共享服务平台,该系统功能如图 2-6 所示。

1) 车辆控制应用

车辆行驶控制:可完成车辆基本制动的控制,如切换挡位、加减速和启动/停止车辆。

车辆调度信息:包括车辆基于不同路线进行路线巡航、基于任务将车辆调往不同站点。

实时状态信息获取:包括实时获取车辆的位置、电量、车速、胎压等。

故障检测和急停通知:包括车辆回传的自动驾驶应用故障、车辆底盘控制器故障等。

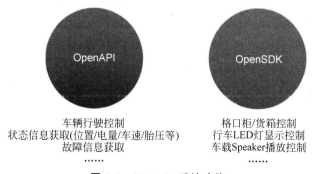

图 2-6 OpenAPI 系统功能

2) 功能业务应用

格口柜/货箱控制:基于 OpenSDK 可远程操控外卖或运输业务中的格口柜和车辆货

箱门。

行车 LED 灯显示控制：远程控制行车 LED 灯光的颜色和显示文案。

车辆扬声器：远程控制车辆扬声器开关和声音大小。

双向语音控制：远程控制车辆双向语音 mic 的播音和对讲功能。

该平台主要用来存储底层应用的相关数据，包括用户数据、OTA 技术管理的移动终端设备及 SIM 卡数据、远程驾驶的车载数据和其他相关数据等。

2. 运营管理平台

运营管理平台是根据下层共享服务平台的数据进行处理和分析，进行无人车的运维管理，包括 PC 端 SaaS 后台应用和移动端应用，可同时提供车辆运营、零售、运输等业务的管理功能，并可基于 OpenAPI 进行定制化开发，如图 2-7 所示。

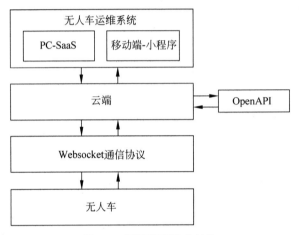

图 2-7 运营管理平台结构

其中 SaaS 系统主要功能如下：

（1）可视化监控：通过可视化地图实时获取无人车位置、电量、车速、胎压、行驶状态等。

（2）车辆调度/巡航：控制无人车直接前往指定站点，或通过规划并创建无人车行驶路线，使无人车按路线自动巡航。

（3）故障告警：无人车因车辆底盘/自动驾驶系统发生异常时，通过故障告警系统能够及时查看异常类型、异常原因和解决办法，并收到消息通知，第一时间介入处理。

（4）用户中心：为运维系统的使用人员，开通账号、分配账号权限等。

3. 应用平台

针对无人车应用不同功能开发的应用也不尽相同，目前市场上已实现应用的主要有零售系统、安防系统、运输系统和远程驾驶系统等。

1）零售系统

无人车零售系统，结合智能引导交互系统，提供多平台购物功能，用户可通过该系统选购无人车上装载的商品。主要功能包括：①进销存管理，有商品采购、交易订单、库存管理等功能；②零售数据统计，提供订单交易数据和人流、销售热力区域图；③多屏售卖平台，用户可通过无人车车载 LCD 屏端、微信无人零售小程序、微信无人外卖小程序进行购物；④人车智能交互系统，无人零售车借助车载摄像头、LED 屏、语音模块等与用户进行智能化交互，如图 2-8 所示。

零售平台

多屏联动售卖

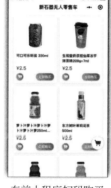

车载屏端购买　　　　　车前小程序扫码购买　　　　远程叫车购买

图 2-8　无人车零售平台

2）安防系统

安防系统针对现有移动视频监控领域存在的问题，在原有传统安防视频监控各项功能的基础上，融入集群指挥调度业务体系和 AI 边缘计算，极大地丰富了 4G/5G 无线视频监控行业的业务领域和应用场景。平台可提供任务巡航、车辆调度、安防设备管理等模块的功能，方便安防无人车运营方、运营人员通过小程序对安防区域内的任务进行有效管理，实现对安防区域内车辆的调度，以及对安防设备的操控等。

无人车安防系统的主要特点为：①跨平台。平台支持 Windows、Linux 和虚拟机部署；客户端覆盖 Windows、Android 和 iOS 平台；数据库兼容 MariaDB 和 MySQL，可移植 Oracle 或 SQL Server。②基础业务功能丰富。支持传统有线/Wi-Fi、3G/4G 无线视频监控基础业务模块；支持应急指挥、集群调度基础业务模块；支持 AI 边缘计算基础业务模块。③开放性强，平台能够与 GB28181、国家电网等标准平台无缝对接，采用 DLL 插件形式，便于第三方集成。④功能伸缩性强。平台采用模块化、分布式架构，方便地根据行业特性，衍生不同的行业应用系统，与基础应用系统相融合。⑤性能伸缩性强。按照电信级大平台容量设计，采用分布式架构，存储支持多磁盘、多服务器、磁盘阵列等多种方式，存储容量可根据需要任意扩容。⑥数据安全性高。多重认证、信令加密、码流加密、文件加密、数据库加密等。⑦高集成，易维护。可提供一站式服务，支持通过 PC 或手机对平台进行远程管理。

3）运输系统

无人车运输系统，包括"运输管理 SaaS＋移动端无人配送应用""车载屏端取件应用"

"通知系统"三个系统组成部分,支持从站点发件到用户收件的快递接驳运输闭环流程。

主要功能包括:无人配送、车载屏端取件、自动通知(包括短信、语音电话、电子邮件、应用内 push 几种通知方式,分别作为运输业务中各个环节的通知形式)。

4)远程驾驶系统

远程驾驶系统是指通过 5G 网络使驾驶员与无人车连接,在高可靠低延时(ultra-Reliable and Low Latency Communication,URLLC)通信环境下,确保远程驾驶的安全稳定,辅助自动驾驶解决车辆在自动驾驶出现多级故障时能无缝接管车辆,完成车辆运营任务。在自动驾驶状态下,车辆将产生约每 8 小时 2TB 的行驶数据,在传统 4G 网络下,网络受到带宽不稳定的限制,无法稳定地实现行驶数据的实时回传。有了 5G 千兆每秒的传输能力,将可以实现自动驾驶行驶数据的实时数据,为自动驾驶仿真提供数据支持,大大提升自动驾驶算法能力。

远程驾驶系统由车端系统(PDU 控制器、车载摄像头)、云端服务器和驾驶模拟器(模拟器主机、落地五联屏及支架、模拟驾驶座椅和模拟驾驶套件)三部分组成。通过 5G 网络与无人车连接,通信带宽更高、时延小,确保远程驾驶安全稳定。可支持一端多车运营,一个驾驶舱负责多个车辆的日常调度和故障任务处理。同时提供行驶告警监控、行驶数据落盘的功能,如图 2-9 所示。

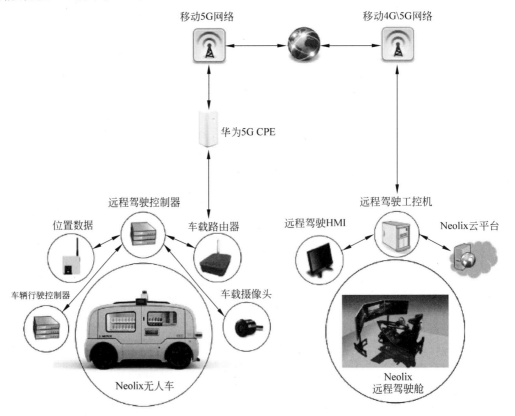

图 2-9 无人驾驶系统

2.5.3 无人车应用实例

这里以市场上销售的新石器零售式无人车产品为例,简要介绍 L4 级无人驾驶的工作过程。如图 2-10 所示,无人车可以由主机和扩展货箱两部分组成。其中主机包括主机舱门、侧方感应扩展舱、环视摄像头、可更换电池、控制器舱和主感应视窗口等。扩展货箱包括货箱舱门和货箱箱体。

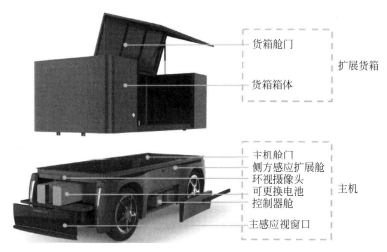

图 2-10 新石器无人车主要组成

图 2-11 是新石器无人车系统核心架构和详细的原理框图,由传感器等采集数据,完成感知决策,将相关数据传输给中枢主控完成控制。核心智能主控一边将指令传输给自动驾驶控制部件完成自动行驶的控制,一边将车辆信息传送到车联网云端等待服务器对车辆的调度和行车指令的发送。

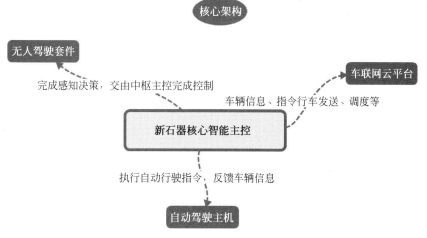

图 2-11 新石器无人车系统核心架构

本章小结

本章基于中低速应用环境的无人车系统介绍了自动驾驶车辆的一般构成。首先对系统结构三个部分进行了叙述,其次介绍了无人车的软、硬件系统,最后结合新石器无人车系统对无人车的现阶段技术进行了介绍。

第 3 章 自动驾驶感知与定位系统
CHAPTER 3

3.1 自动驾驶感知与定位系统概述

自动驾驶三大关键技术分别是感知、决策和执行。感知与定位技术在自动驾驶中起着至关重要的作用,使汽车能够监控周围环境、探测障碍物并规划行驶路径。在感知阶段,车辆通过摄像机、雷达等传感装置感知行驶环境并根据所感知的环境做出操纵指令;在定位阶段,车辆通过高精地图、GPS、BDS 等静态数据,进行感知层面的多信源数据融合,规划合理的行驶路径。本章首先介绍自动驾驶传感器类型与工作原理,如多线激光雷达、组合惯导、相机、毫米波雷达、超声波雷达等,然后介绍常用的传感器数据融合方法与自动驾驶定位技术,如 GPS 定位、RTK 定位、多传感器融合定位和辅助定位等定位方法。

3.2 自动驾驶感知传感系统

自动驾驶感知传感系统主要包括视觉传感器、激光雷达传感器、毫米波雷达传感器、超声波雷达传感器等。自动驾驶感知传感系统常用传感器及特点如图 3-1 所示。

3.2.1 视觉传感器

1. 摄像机

作为视觉传感器最常用的设备——摄像机,根据镜头和布置方式的不同主要可以分为单目摄像机、双目摄像机、三目摄像机和环视摄像机。

(1) 单目摄像机。如图 3-2 所示,单目摄像机模组只包含一个摄像机和一个镜头。由于很多图像算法的研究都是基于单目摄像机开发的,因此相对于其他类别的摄像机,单目摄像机的算法成熟度更高,但它有两个先天缺陷:一是其视野完全取决于镜头;二是单目测距精度低。

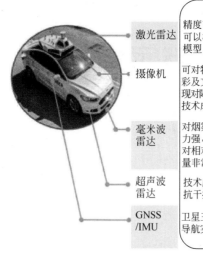

	优点	缺点	范围	功能
激光雷达	精度高、探测范围广，可以构建车辆周边3D模型	容易受到雨、雪等恶劣天气影响，技术不够成熟，产品造价高	200m以内	障碍物探测识别 车道线识别 辅助定位
摄像机	可对物体几何特征、色彩及文字进行识别，实现对障碍物距离的探测，技术成熟，成本低廉	受光照变化影响大，易受恶劣环境影响	最远探测范围可超过500m	障碍物探测识别 车道线识别 辅助定位 道路信息读取
毫米波雷达	对烟雾、灰尘的穿透能力强，抗干扰能力强，对相对速度、距离的测量非常准确	测量范围窄，难以辨别物体大小和形状	200m以内	中远距离障碍物探测
超声波雷达	技术成熟、成本低、抗干扰能力强	测量精度差、范围小、距离近	3m以内	近距离障碍物探测
GNSS/IMU	卫星三角定位结合惯性导航实现车辆定位	容易受到城市建筑、隧道等障碍物的干扰	广域高精度定位保持在10m以内	车辆导航 车辆定位

图 3-1　自动驾驶感知传感系统常用传感器及其特点

（2）双目摄像机。为克服单目测距的缺陷，双目摄像机应运而生。由于相近的两个摄像机拍摄物体时，会得到同一物体在摄像机的成像平面的像素偏移量，根据像素偏移量、相机焦距和两个摄像机的物理距离等信息，经过数学计算即可得到物体的距离，如图 3-3 所示。双目摄像机能得到较高精度的测距结果，但是它与单目摄像机一样，视野完全依赖于镜头。而且双目测距摄像机对其两个镜头的安装位置、距离要求严格，所以此类相机的标定通常比较复杂。

图 3-2　单目摄像机

图 3-3　无人车双目摄像机

（3）三目摄像机。由于单目和双目摄像机存在上述缺陷，目前广泛应用于无人驾驶的摄像机为三目摄像机。三目摄像机是三个不同焦距单目摄像机的组合，根据焦距不同每个摄像机所感知的范围也不尽相同，三目摄像机能较好地弥补感知范围不足的问题，因此在业界被广泛应用，如图 3-4 所示。

（4）环视摄像机。上述三种摄像机所用的镜头都是非鱼眼的，环视摄像机的镜头是鱼眼镜头，而且安装位置是朝向地面的。当前部分车型上的"360°全景显示"功能，所用到的就是环视摄像机。安装在车辆前方、车辆左、右后视镜下和车辆后方的四个鱼眼镜头采集图像，如图 3-5 所示。环视摄像机可获取更大的视野，但代价是图像畸变严重，但也可以通过标定值进行图像的投影变换，可将图像还原成俯视图。

图 3-4　三目摄像机模组

图 3-5　环视摄像机采集图像

2. 摄像机的功能

摄像机在自动驾驶无人车上的应用,主要包括感知能力和定位能力两大类功能。

1) 感知能力

摄像机可以提供的感知能力如下:

(1) 车道线识别:车道线是摄像机能够感知的最基本的信息,拥有车道线检测功能即可实现高速公路的车道保持功能。

(2) 障碍物识别:自动驾驶中能识别多种障碍物,比如摩托车、卡车,甚至动物都是可以被检测到。有了障碍物信息,无人车即可完成车道内的跟车行驶。

(3) 交通标志牌和地面标志(Traffic Sign and Road Sign)识别:此类信息的识别,主要是作为道路特征与高精度地图做匹配后的辅助定位,也可以基于这些感知结果进行地图更新。

(4) 可通行空间识别:可通行空间表示无人车可以正常行驶的区域,可以让车辆不再局限于车道内行驶,实现更多跨车道的超车功能等。

(5) 交通信号灯识别:城区行驶的无人驾驶汽车,对交通信号灯状态的感知能力非常重要,这也是百度 Apollo 2.0 实现"简单路况自动驾驶"所必须开放的功能之一。

2) 定位能力

视觉同步定位与建图技术(Simultaneous Localization and Mapping,SLAM)是自动驾驶中常用的定位技术,采用预先建好的地图与实时感知结果进行匹配,从而确定当前位置。但由于 SLAM 地图容量过大,对存储设备容量要求很高,如何制作出足够轻量化的地图,成为 SLAM 技术商业化的关键。

3.2.2　激光雷达

1. 激光雷达简介

激光雷达是激光探测及测距(Light Detection and Ranging)系统的简称,也称 Laser Radar 或 LADAR(Laser Detection and Ranging)。其工作原理是向目标发射探测信号(激光束),然后将接收到的从目标反射回来的信号(目标回波)与发射信号进行对比分析,通过相关算法处理后可获得目标的距离、方位、高度、速度、姿态甚至形状等参数,从而实现对目标的探测、跟踪与识别。激光雷达传感器分为单线、多线(多者可达 64 线),相应的检测效果也逐步提升。目前每增加一线,成本大约上涨 1 万元。

2. 激光雷达测距原理

(1) 激光雷达三角测距:激光雷达发射器先发射激光,经过物体(Object)反射后被 CMOS(一种图像传感器,即图 3-6 中 Imager)捕捉,设捕捉点为 X_2。现过焦点 O 作一条虚线平行于入射光线,与 Imager 相交于 X_1,由于 β 已知,所以可得到 X_1 的位置,即 X_1、X_2 之间的距离为 X,易得左右两个三角形相似,所以有 $q/f=s/x$,又有 $\sin\beta=q/d$,二者联立可得 $d=sf/(x\sin\beta)$,原理图如图 3-6 所示。

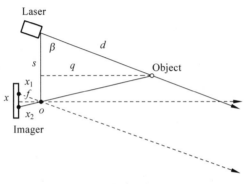

图 3-6　激光雷达三角测距原理

(2) TOF(Time of Flight,飞行时差)测距:传统的测距技术分为双向测距(Two Way Ranging)和单向测距(One Way Ranging)。TOF 测距主要利用信号在两个异步收发机(Transceiver)之间往返的飞行时间来测量节点间的距离。激光器发射一个激光脉冲,并由计时器记录下出射的时间,返回光经接收器接收,并由计时器记录下回返的时间。两个时间相减即得到了光的"飞行时间(t)",而光速 c 是一定的,因此在已知速度和时间后很容易就可以计算出距离 $d=c\times t/2$,测距原理如图 3-7 所示。

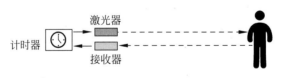

图 3-7　TOF 测距原理

3. 激光雷达扫描方式

(1) 传统的机械式旋转:旋转 LiDAR(激光雷达)在地图领域的使用较为成熟,但是由于价格极其昂贵,目前量产的可能性较低。

(2) MEMS 微振镜:将原本激光雷达的机械结构通过微电子技术集成到硅基芯片上,本质上 MEMS 激光雷达是一种混合固态激光雷达,并没有做到完全取消机械结构。

(3) 相控阵原理：通过调节发射阵列中每个发射单元的相位差来改变激光的出射角度，采用相控阵原理实现固态激光雷达。生活中最常见的干涉例子是水波，两处振动产生的水波相互叠加，有的方向两列波互相增强，有的方向正好抵消。与之类似，相控阵原理是采用多个光源组成阵列，通过控制各光源发射的时间差，合成角度灵活、精密可控的主光束。

(4) Flash LiDAR：Flash LiDAR 在短时间内发射出一大片覆盖探测区域的激光，通过高度灵敏的接收器进行接收，从而实现对周围环境图像的绘制。

4. 激光雷达实例

知名的激光传感器供应商包括美国的 Velodyne 和 Quanergy，德国的 Ibeo 等，国内包括速腾（Robosense）聚创、北科天绘等公司。速腾激光雷达 RS-LiDAR-16（见图 3-8）是一种自动驾驶常用的激光雷达，其参数见表 3-1。

图 3-8　速腾激光雷达 **RS-LiDAR-16**

表 3-1　RS-LiDAR-16 激光雷达参数

类　　别	参　数　值	类　　别	参　数　值
线数	16 个	出点数	320000pts/s（单回波模式）
激光波长	905nm	出点数	640000pts/s（双回波模式）
激光安全等级	级别 1 人眼安全	以太网输出	100Mb/s
测距能力	200m	输出数据协议	UDP
盲区	≤0.4m	UDP 数据包内容	三维空间坐标、反射强度、时间戳等
精度（典型值）	±2cm	工作电压	9～36V
水平视场角	360°	产品功率	9W
垂直视场角	30°	重量（不包含数据线）	840g
水平角分辨率	0.09°～0.36°	尺寸	$\phi 109mm \times H80.7mm$
垂直角分辨率	±2°	工作温度	-40℃～+60℃
帧率	5/10/20Hz	存储温度	-40℃～+105℃
转速	300/600/1200rpm（5/10/20Hz）	防护等级	IP67

RS-LiDAR-16 采用传统的机械旋转方式，通过 16 个激光发射组件快速旋转的同时发射高频率激光束对外界环境进行持续性的扫描，经过 TOF 测距算法提供三维空间点云数据及物体反射率，可以让机器看到周围的世界，为定位、导航、避障等提供有力的保障。自动驾驶激光雷达扫描如图 3-9(a) 和图 3-9(b) 所示。

激光雷达传感器相比于其他自动驾驶传感器，其优点在于可以生成三维的位置信息，快速确定物体的位置、大小、外貌和材质，同时还能形成精确的数字模型。相比摄像头等传感器,其探测距离更远、精确度更高、响应速度更灵敏,且不受环境光的影响,但其最大的缺陷是不能在雨雪等极端天气下工作,天气会影响激光雷达的效果,影响三维地图的构建,导致无人车的"位置晕眩"。此外,昂贵的价格也是激光雷达难以像超声波雷达那样在民用汽车领域普及的重要原因。目前一个激光雷达的价格就有可能超过普通小汽车整车价格,现阶段尚没有大规模量产的可能。图 3-10 和图 3-11 为激光雷达扫描形成的点云图像。

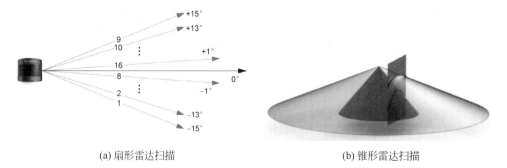

(a) 扇形雷达扫描　　　　　　　　　　(b) 锥形雷达扫描

图 3-9　自动驾驶激光雷达扫描

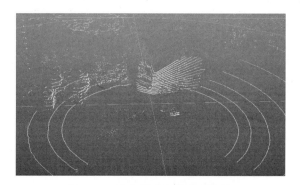

图 3-10　激光雷达扫描点云图像

图 3-11　激光雷达成像三维视图

3.2.3 毫米波雷达

汽车毫米波雷达是自动驾驶辅助系统(ADAS)的核心部件之一,工作频段为 21.65～26.65GHz 和 76～81GHz。比较常见的汽车毫米波雷达工作频率在 24GHz、77GHz、79GHz 这 3 个频率附近。毫米波雷达具有远距离探测、全天候工作、车速测量、温度稳定性强等能力;不受天气和光线条件影响,在雨雪、烟雾等恶劣环境下优势显著。选择性价比更高的毫米波雷达作为测距和测速的传感器,可以解决摄像机测距、测速不够精确的问题。毫米波雷达不仅成本适中,而且能够较好地处理沙尘天气下的成像问题,是激光雷达替代不了的。图 3-12 为 Continental ARS-408 毫米波雷达。

图 3-12 Continental ARS-408 毫米波雷达

1. 毫米波雷达的分类

频率在 10～200GHz 的电磁波因其波长在毫米量级,故称为毫米波。应用在自动驾驶领域的毫米波雷达主要有 3 个频段,分别是 24GHz、77GHz 和 79GHz。不同频段的毫米波雷达性能和成本不同。

(1) 短距离雷达:24GHz 频段。

处在该频段上的雷达的检测距离有限,因此常用于检测近处的障碍物(车辆)。图 3-13 中的标注为④的雷达,能够实现高级驾驶辅助系统(Advanced Driving Assistance System,ADAS)功能有盲点检测、变道辅助等;在自动驾驶系统中常用于感知车辆近处的障碍物,为换道决策提供感知信息。

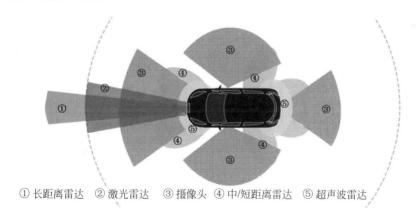

①长距离雷达 ②激光雷达 ③摄像头 ④中/短距离雷达 ⑤超声波雷达

图 3-13 毫米波雷达和激光雷达自动驾驶方案

(2) 中长距离雷达:77GHz 频段。

如图 3-13 所示,车辆正前方被标注为①的长距离雷达,即为频段在 77GHz 左右的雷达,其最大检测距离可以达到 160m 以上,因此常被安装在前保险杠上正对汽车的行驶方向,如特斯拉 AutoPilot 2.0 中所配备的长距离毫米波雷达,能够用于实现紧急制动、高速公路跟车等 ADAS 功能;同时也能满足自动驾驶领域对障碍物距离、速度和角度的测量需求。

(3) 长距离雷达:79GHz 频段。

该频段的传感器能够实现的功能和 77GHz 类似,用于更长距离的测量。根据公式:光速=波长×频率,频率更高的毫米波雷达,其波长越短,意味着分辨率越高;而分辨率越高,意味着在距离、速度、角度上的测量精度更高,因此 79GHz 的毫米波雷达必然是未来的发展趋势。

毫米波雷达相比于激光雷达有更强的穿透性,能够轻松地穿透保险杠上的塑料,因此常被安装在汽车的保险杠内,这也是为什么很多具备 ACC(自适应巡航)的车上装有毫米波雷达,却很难从外观上发现它们的原因。

2. 毫米波雷达的挑战

毫米波雷达在自动驾驶领域的实际开发过程中,主要面临以下挑战:

(1) 数据稳定性差:数据的不稳定性对后续的软件算法提出了较高的要求。

(2) 对金属敏感:由于毫米波雷达发出的电磁波对金属极为敏感,在实际测试过程中会发现近处路面上突然出现的钉子、远距离外的金属广告牌都会被认为是障碍物。一旦车辆高速行驶,被这些突然跳出的障碍物干扰时,会刹车不断,从而导致汽车的舒适性下降。

(3) 高度信息缺失:毫米波雷达的数据只能提供距离和角度信息,不能像激光雷达那样能提供高度信息,没有高度信息的障碍物会给技术开发带来很多挑战。

3.2.4 超声波雷达

1. 超声波雷达工作原理

超声波雷达是一种利用超声波定位的雷达,是一款极其常见的传感器。它是汽车倒车时的安全辅助装置,能以声音或者更为直观的显示器告知驾驶员周围障碍物的情况,解除了驾驶员驻车、倒车和起动车辆时探视障碍物所引起的困扰,并帮助驾驶员扫除了视野死角和视线模糊的缺陷。

超声波雷达的工作原理是通过超声波发射装置向外发出超声波和接收器接收到超声波的时间差来测算距离。目前,常用探头的工作频率有 40kHz、48kHz 和 58kHz 3 种。一般来说,频率越高灵敏度越高,但水平与垂直方向的探测角度也就越小,故一般采用 40kHz 的探头。超声波雷达防水、防尘,即使有少量的泥沙遮挡也不影响。探测范围在 0.1~3m,而且精度较高,因此非常适用于泊车。其工作原理如图 3-14 所示。

车载的超声波雷达一般安装在汽车的保险杠上方,隐藏在保险杠的某个位置,如新石器自动驾驶无人车采取的超声波雷达共有 14 个,如图 3-15 所示。超声波雷达探头如图 3-16 所示。

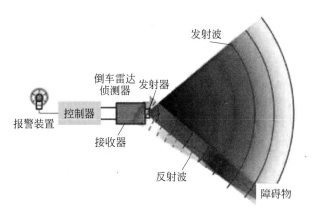

图 3-14 超声波雷达传感器工作原理

图 3-15 新石器自动驾驶无人车超声波雷达

图 3-16 超声波雷达探头

2. 超声波雷达的类型

常见的超声波雷达有两种:一种是安装在汽车前后保险杠上方的,用于测量汽车前后障碍物的倒车雷达,称为 UPA(Ultrasonic Parking Assistant,超声波驻车辅助);另一种是安装在汽车侧面的,用于测量侧方障碍物距离的超声波雷达,称为 APA(Automatic Parking Assistant,自动泊车辅助)。

(1) UPA 超声波雷达。UPA 超声波雷达的探测距离一般在 15~250cm,主要用于测量汽车前后方的障碍物。

(2) APA 超声波雷达。APA 超声波雷达的探测距离一般在 30~500cm,APA 的探测范围更远,因此成本更高,功率也更大。

目前大部分车型搭载的超声波雷达都为倒车雷达 UPA,而随着近年来自动驾驶概念的兴起,基于超声波的自动泊车功能,逐渐进入大众视野,APA 的市场也逐渐打开,如图 3-17 和图 3-18 所示。

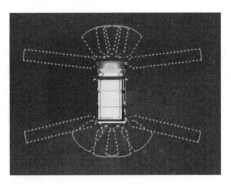

图 3-17 超声波雷达探测区域

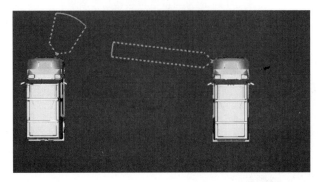

图 3-18 UPA(左)和单个 APA(右)超声波探测区域

3. 超声波雷达的特点

(1) 温度敏感。超声波雷达的测距原理和之前介绍的激光雷达、毫米波雷达类似,即距离=传播速度×传播时间/2。不同的是激光雷达和毫米波雷达的波速都为光速,而超声波雷达的波速跟温度有关。近似关系如下:

$$C = C_0 + 0.607 \times T \tag{3-1}$$

其中,C_0 为零度时的声波速度 332m/s,T 为温度(单位:℃)。例如温度在 0℃时,超声波的传播速度为 332m/s;温度在 30℃时,超声波的传播速度为 350m/s。对传感器精度要求极高的自动驾驶系统来说,选择将超声波雷达的测距进行保守计算,并将温度信息引入自动驾驶系统,以提升测量精度。超声波的能量消耗较缓慢,在介质中传播的距离比较远,穿透性强,测距的方法简单,成本低。

(2) 无法精确描述障碍物位置。超声波雷达在速度很高情况下测量距离有一定的局限性,这是因为超声波的传输速度很容易受天气情况的影响,在不同的天气情况下,超声波的传输速度不同,而且传播速度较慢。当汽车高速行驶时,使用超声波测距无法跟上汽车的车距实时变化,误差较大。另一方面,超声波散射角大、方向性较差,在测量较远距离的目标时回波信号会比较弱,影响测量精度。但是在短距离测量中,超声波测距传感器具有很大优势。

3.3 传感器的标定

3.3.1 IMU 的标定

IMU 中文叫作惯性测量单元,它能够获取自身的加速度、角速度信息,有的 IMU 还能够获得地磁量。在对 IMU 标定介绍之前,需要先选定车辆坐标系,如图 3-19 所示。

(a) xOz 平面视图 (b) yOz 平面视图 (c) xOy 平面视图

图 3-19 车辆坐标系的定义

车辆坐标系的定义为:

z 轴——通过车顶垂直于地面指向上方;

y 轴——在行驶的方向上指向车辆前方;

x 轴——面向前方时,指向车辆右侧。

车辆坐标系的原点在车辆后轮轴的中心。

IMU 传感器的标定主要是标定 IMU 和车体坐标系的外参,由于两个坐标系位置重合,所以外参指的是绕坐标轴 3 个方向的角度偏移量,从算法的角度考虑,将车体的中心转移到附近的 IMU 所在的位置。

IMU 标定时,选择一条笔直的道路,让车辆沿着道路直行一段距离,采集一段 IMU 的数据,通过分析 IMU 的输出轨迹和车辆沿 Y 轴前进的轨迹,计算 IMU 在车上的外参。

3.3.2 相机的标定

相机的标定主要包括内参和外参标定。相机的内参标定包括相机的焦距、主点位置、畸变系数等参数。相机的外参标定,主要包括相机坐标系和世界坐标系的旋转矩阵和平移向量。下面简要介绍相机成像原理。

1) 世界坐标系

世界坐标系(World Coordinate)也称为测量坐标系,是一个三维直角坐标系,以其为基准可以描述相机和待测物体的空间位置,世界坐标系的位置可以根据实际情况自由确定。

2) 相机坐标系

相机坐标系(Camera Coordinate)也是一个三维直角坐标系,原点位于镜头光心处,x、y 轴分别与像平面的两边平行,z 轴为镜头光轴,与像平面垂直。

3）相机坐标系转换为世界坐标系

相机坐标系转换为世界坐标系的转换方程为：

$$\begin{bmatrix} x_c \\ y_c \\ z_c \\ 1 \end{bmatrix} = \begin{bmatrix} \boldsymbol{R} & \boldsymbol{t} \\ 0 & 1 \end{bmatrix} \begin{bmatrix} x_w \\ y_w \\ z_w \\ 1 \end{bmatrix} \quad (3\text{-}2)$$

其中 $\boldsymbol{R}$ 为 3×3 的旋转矩阵，t 为 3×1 的平移矢量，等式右边为相机坐标系的齐次坐标，左边为世界坐标系的齐次坐标。

4）像素坐标系、图像坐标系

如图 3-20 所示，像素坐标系是一个二维直角坐标系，反映了相机 CCD/CMOS 芯片中像素的排列情况。原点位于图像的左上角，u 轴、v 轴分别与像面的两边平行。像素坐标系中坐标轴的单位是像素（整数）。

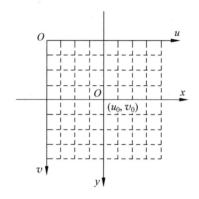

图 3-20 像素坐标系示意图

像素坐标系不利于坐标变换，因此需要建立图像坐标系，其坐标轴的单位通常为毫米（mm），原点是相机光轴与像平面的交点（称为主点），即图像的中心点，x 轴、y 轴分别与 u 轴、v 轴平行，故两个坐标系实际是平移关系，即通过平移就可得到。常用的相机标定方法，可以选择 MATLAB 上面的标定工具箱，或者开源的相机标定算法，主要是利用棋盘格进行标定，算法采用的是张正友提出的标定算法，感兴趣的同学可以查阅相关论文。

3.3.3 激光雷达和组合惯导标定

在自动驾驶领域，多线激光雷达和组合惯导是高精度地图制作、激光点云定位以及点云物体检测任务中常用的传感器配置。因此，标定两者之间的外参数具有非常重要的意义。在许多应用中，激光雷达被水平放置于车顶以获得 360°的感知范围，而组合惯导（惯性导航）也常与车的对称轴以及水平面对齐以简化坐标系的定义。

激光雷达和组合惯导的标定可以通过手、眼标定获得外参初始值，由于多线激光雷达与组合惯导两者的测量之间没有直接的对应,因此需要使用手眼标定的方法对外参的初值进行求解。假设在 t_i 时刻组合惯导的位置姿态为 T_i^{ins},使用激光雷达里程计或者 SLAM 技术得到多线激光雷达的位置为 T_i^{lidar}。则经典的手、眼标定问题为求解 $T_{\text{lidar}}^{\text{ins}}$,使得

$$T_{i,i+1}^{\text{ins}} T_{\text{lidar}}^{\text{ins}} = T_{\text{lidar}}^{\text{ins}} T_{i,i+1}^{\text{lidar}} \tag{3-3}$$

其中,$T_{i,i+1}^{\text{ins}} = T_{i+1}^{\text{ins}} T_i^{\text{ins}-1}$,$T_{i,i+1}^{\text{lidar}} = T_{i+1}^{\text{lidar}} T_i^{\text{lidar}-1}$ 是两个传感器的相对运动。由于车辆在近似平面内运动,将问题简化为二维的手、眼标定问题,即

$$(\boldsymbol{R}_{\text{ins}} - \boldsymbol{I})\boldsymbol{t} = \boldsymbol{R} \boldsymbol{t}_{\text{lidar}} - \boldsymbol{t}_{\text{ins}} \tag{3-4}$$

其中,$\boldsymbol{R}_{\text{ins}}$ 和 $\boldsymbol{t}_{\text{ins}}$ 分别是组合惯导相对运动的旋转和平移部分,$\boldsymbol{t}_{\text{lidar}}$ 是激光雷达相对运动的平移部分,$\boldsymbol{R}$ 和 $\boldsymbol{t}$ 是外参的旋转和平移矢量。

令

$$\boldsymbol{R} = \begin{bmatrix} \cos\theta & -\sin\theta \\ \sin\theta & \cos\theta \end{bmatrix} \tag{3-5}$$

则有

$$\left(\boldsymbol{R}_{\text{ins}} - \boldsymbol{I} \,\middle|\, \begin{matrix} -t_{\text{lidar}}^x & t_{\text{lidar}}^y \\ -t_{\text{lidar}}^y & -t_{\text{lidar}}^x \end{matrix}\right) \begin{bmatrix} t^x \\ t^y \\ \cos\theta \\ \sin\theta \end{bmatrix} = -\boldsymbol{t}_{\text{ins}} \tag{3-6}$$

因此,一次相对运动能构造两个约束条件,当有 3 个以上不同位置朝向的运动时,方程满秩,可线性求解。为了保证初值求解以及优化过程中对外参构成足够的约束,要求车辆以 8 字形状的轨迹行驶,如图 3-21 所示。

图 3-21 标定车辆行驶轨迹

通过组合惯导的位置姿态信息,结合外参初值,可以对激光雷达采集的点云进行拼接。由于初值求解误差的存在,不同位置采集的点云拼接后存在对齐误差,具体表现为拼接点云视觉效果模糊、场景中边缘结构不锐利。为此,利用优化拼接的方法对外参进行优化,使用经典的 GICP 以及 Entropy 的代价函数即可,标定过程如图 3-22 所示。

3.3.4 相机和激光雷达标定

相机和激光雷达的联合标定,互相弥补了两种传感器各自的不足,将两者的感知作用发挥到极致。相机和激光雷达联合标定的基本原理:通常是选择一组参照物,可以使用棋盘格标定板,或者是自然场景,然后获取这组参照物在相机和激光雷达各自坐标系下的位置和

姿态信息，反向计算出相机和激光雷达的外参矩阵。标定分为在线标定和离线标定：离线标定通常选择棋盘格作为参照物进行标定，因为标定过程中，需要对棋盘格上的角点进行人为的选取，这期间会用到第三方的软件进行点云的提取操作，耗时较长，精度也无法保证；在线标定是指车辆在采集完数据后，自动对数据进行处理，没有人为干预，输出外参结果。

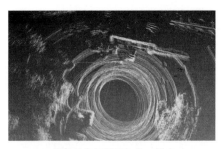

(a) 利用外参初值叠加的20帧点云

(b) 点云配准外参优化后效果图

(c) 外参融合后俯视图

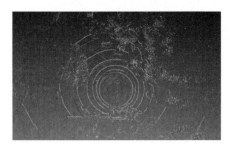

(d) 外参融合后近景图

图 3-22　组合惯导标定过程

相机到激光雷达的标定方法比较依赖于初始外参值的选取，一个偏差较大的外参，有可能导致标定失败。所以，在条件允许的情况下，尽可能提供更加精准的初始外参值。由于标定方法是基于自然场景的，所以一个理想的标定场地可以显著地提高标定结果的准确度。建议选取一个纹理丰富的场地，如有树木、电线杆、路灯、交通标志牌、静止的物体和清晰车道线的场地。图 3-23 是一个标定场地示例。

在采集标定数据时，为避免时间不同步，尽量将车辆进行慢速行驶，可以有效地缓解因时间差异所引起的标定问题。相机中需看到一定数量的投影点云，否则该工具将无法进行外参标定运算。因此，建议使用短焦距相机来进行相机-激光雷达的标定。

当标定完成后，会生成相应的标定结果验证图片。如果 50m 以内的目标，点云边缘和图像边缘能够重合，则可以证明标定结果的精度很高。反之，若出现错位现象，则说明标定结果存在误差。当误差大于一定范围时（范围依据实际使用情况而定），该外参不可用。标定结果示例如图 3-24(a)和图 3-24(b)所示。

图 3-23 良好的标定场地示例

(a) 准确外参的点云投影效果　　　　(b) 外参误差较大的点云投影效果

图 3-24 标定结果对比示例

3.4 传感器数据融合

3.4.1 传感器数据融合介绍

1. 多传感器数据融合

多传感器数据融合(Multi-Sensor Data Fusion,MSDF)就是利用计算机技术将来自多传感器的信息和数据,在一定的准则下加以自动分析综合,以完成所需要的决策和估计而进行的信息处理过程。传感器数据融合是用于包含处于不同位置的多个或者多种传感器的信息处理技术。随着传感器应用技术、数据处理技术、计算机软硬件技术和工业化控制技术的发展成熟,多传感器数据融合技术已形成一门新兴学科。我国对多传感器数据融合技术的研究在工程上已应用于信息的定位和识别等方面。而且相信随着科学的进步,多传感器数据融合技术会成为一门智能化、精细化数据信息图像等综合处理和研究的专门技术。一般地,多传感器数据融合处理过程包括6个步骤,如图 3-25 所示。首先是多源传感系统搭建与定标,进而采集数据并进行数字信号转换,再进行数据预处理和特征提取,接着是融合算法的计算分析,最后输出稳定的目标特征信息。

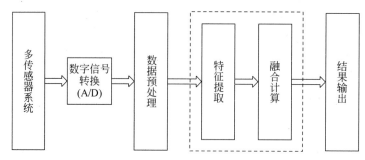

图 3-25　多传感器数据融合过程

作为多传感器融合的研究热点之一,融合方法一直受到人们的重视,国内外已经存在大量的研究成果,存在各类融合方法。常用方法大致可分为两大类:随机和人工智能方法。信息融合的不同层次对应不同的算法,包括加权平均融合、卡尔曼滤波法、Bayes 估计、统计决策理论、概率论方法、模糊逻辑推理、人工神经网络和 D-S(Dempster-Shafer)证据理论等。

2. 传感器数据融合定义

传感器数据融合可概括为把分布在不同位置的多个同类或不同类传感器所提供的局部数据资源加以综合,采用计算机技术对其进行分析,消除多传感器信息之间可能存在的冗余和矛盾,加以互补,降低其不确实性,获得被测对象的一致性解释与描述,从而提高系统决策、规划、反应的快速性和正确性,使系统获得更充分的信息。其信息融合在不同信息层次上出现,包括数据层融合、特征层融合、决策层融合。

(1) 数据层融合。针对传感器采集的数据,依赖于传感器类型,进行同类数据的融合。数据层的融合要处理的数据都是在相同类别的传感器下采集,所以数据层融合不能处理异构数据。

(2) 特征层融合。特征层融合指的是提取所采集数据包含的特征向量,用来体现所监测物理量的属性,这是面向监测对象特征的融合。如在图像数据的融合中,可以采用边沿的特征信息,来代替全部数据信息。

(3) 决策层融合。决策层融合指的是根据特征层融合所得到的数据特征,进行一定的判别、分类,以及简单的逻辑运算,根据应用需求进行较高级的决策,是高级的融合。决策层融合是面向应用的融合。比如在森林火灾的监测监控系统中,通过对于温度、湿度和风力等数据特征的融合,可以断定森林的干燥程度及发生火灾的可能性等。这样需要发送的数据就不是温度、湿度的值以及风力的大小,而只是发送发生火灾的可能性及危害程度等。在传感网络的具体数据融合实现中,可以根据应用的特点来选择融合方式。

3.4.2　自动驾驶传感器数据融合

自动驾驶感知和定位中传感器数据融合按照实现原理分为硬件层融合、数据层融合、任务层融合三部分,自动驾驶汽车环境感知传感器布局如图 3-26 所示。

硬件层融合:如禾赛和 Mobileye 等传感器厂商,利用传感器的底层数据进行融合。

数据层融合:利用各种传感器得到的后期数据,即每个传感器各自独立生成目标数据,再由主处理器融合这些特征数据实现感知任务。

任务层融合:先由各传感器完成感知或定位任务,如障碍物检测、车道线检测、语义分割和跟踪以及车辆自身定位等,然后添加置信度进行融合。

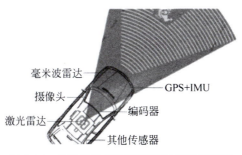

图 3-26　自动驾驶汽车环境感知传感器布局

有些传感器之间很难在硬件层融合,比如摄像头或者激光雷达和毫米波雷达之间,因为毫米波雷达的目标分辨率很低(无法确定目标大小和轮廓),但可以在数据层上探索融合,比如目标速度估计、跟踪轨迹等。摄像头和激光雷达的数据融合实际是激光雷达点云投影,在摄像头图像平面形成的深度和图像估计的深度进行结合。采用的传统方法主要包括 Bayes(贝叶斯)滤波、自适应引导图滤波、传统的形态学滤波等,目前采用较多的融合方法为基于深度学习的传感器数据融合算法,感兴趣的同学可以进行相关资料的查阅,在此就不再详细介绍。

传感器数据融合在于获得不同传感器的输入内容,并且使用组合在一起的信息来更加准确地感知周围的环境。相对于独立系统,这样可以做出更准确、更安全的决策。雷达也许不具有光传感器所具有的分辨率,不过它在测距和穿透雨、雪和浓雾方面具有很大优势。这些天气条件或光照不足的恶劣情况不利于摄像头发挥作用,不过摄像头能够分辨颜色(可以想一想街道指示牌和路标),并且具有很高的分辨率。目前路面上图像传感器的分辨率已经达到 100 万像素。在未来几年内,图像传感器的发展趋势将是 200 万像素甚至 400 万像素。

雷达和摄像头是两项传感器技术完美融合、互为补充的典范。采用这种方法的融合系统所实现的功能要远超这些独立系统能够实现的功能总和。使用不同的传感器种类可以在某一种传感器全都出现故障的环境条件下,额外提供一定冗余度。这种错误或故障可能是由自然原因(诸如一团浓雾)或是人为现象(例如对摄像头或雷达的电子干扰或人为干扰)导致的。即使是在一个传感器失效的情况下,这样的传感器融合系统也可以保持某些基本或紧急的功能。

3.4.3 自动驾驶传感器数据融合示例

不同传感器类型,其数据融合的复杂程度有所不同,以下为两个基本的传感器融合示例:①后视摄像头加上超声波测距;②前视摄像头加上多模式前置雷达。如图 3-27 所示,可通过对现有系统进行轻微更改或通过增加一个单独的传感器融合控制单元来实现。如将前置雷达与前视摄像头融合在一起,以实现自适应巡航控制加车道保持辅助,或者将后视摄像头与超声波测距报警组合在一起来实现自动泊车。

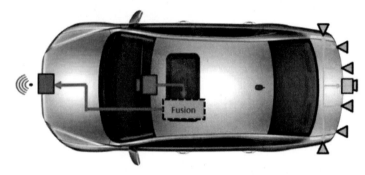

图 3-27 前视摄像头和超声波雷达传感器数据融合

将前视摄像头的功能与前置雷达组合在一起,能够在任何天气条件下测量高达 150m 的物体的速度和距离,摄像头在探测和区分物体方面(包括读取街道指示牌和路标)十分出色。通过使用具有不同视场角(FoV)和不同光学元件的多个摄像头传感器,系统可以识别车前通过的行人和自行车,以及 150m 甚至更远范围内的物体,同时还能可靠实现自动紧急制动和城市启停巡航控制等功能。传感器数据融合除了能自主实现复杂的功能外,还可以在现有功能中实现更少的误报和漏报。

3.4.4 多传感器融合数据处理

自动驾驶多传感器融合系统中,如何将传感器的数据发送到中央电子控制单元(ECU)直接影响着自动驾驶性能。当对遍布车身的多个传感器进行融合时,需要特意考虑传感器和中央融合 ECU 之间的连接,对于数据处理的位置也是如此,它也会影响整个系统的实现,传感器融合数据处理方式主要有以下 3 种。

(1) 集中式处理。所有的数据处理和决策制定都是在同一个位置完成,数据是来自不同传感器的"原始数据",原理图如图 3-28 所示。

集中处理方式优点为:传感器模块体积小巧、成本低、功耗也低,这是因为其只需要执行检测和数据传输任务。传感器的安装位置也很灵活,并且所需安装空间很小,替换成本低。通常情况下,由于无须处理或做决策,传感器模块具有较低的功能安全要求。ECU 可以获取全部数据,这是因为数据不会因为传感器模块内的预处理或压缩而丢失。由于传感器成本较低,并且外形尺寸较小,因此可以部署更多的传感器。其缺点为:实时处理传感器数据需要提供宽带通信(数据传输速度高达数 Gb/s),因此可能出现较高电磁干扰(EMI),中央 ECU 需要有高处理能力和速度来处理所有输入数据。对于很多高带宽 I/O 和高端应用处理器来说,这意味着更高的电能需求和更大的散热量,同时传感器数量增加需要性能更好的中央 ECU。FPD-Link Ⅲ 接口,可以在一根同轴电缆上传送传感器及功耗、控制和配置等多种数据(双向反向通道),这样便可极大降低系统的接线要求。

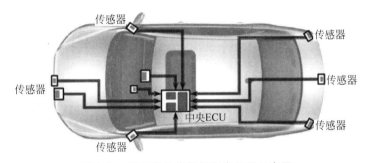

图 3-28　传感器融合数据集中处理示意图

(2) 全分布式处理。由本地传感器模块进行高级数据处理,并在一定程度上进行决策制定的。全分布式系统只将对象数据或元数据(描述对象特征或识别对象的数据)发回到中央 ECU。ECU 将数据组合在一起,并最终决定如何执行或做出反应,如图 3-29 所示。

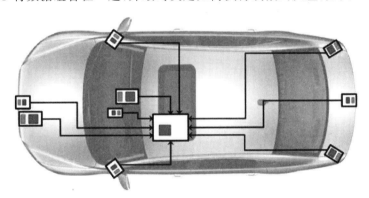

图 3-29　传感器融合数据分布式处理示意图

分布式处理优点为:传感器模块与中央 ECU 之间可以使用更低带宽、更加简单且便宜的接口。在很多情况下,小于 1Mb/s 的 CAN 总线就足够用了。中央 ECU 只需将对象数据融合在一起,因此其所需处理能力更低。对于某些系统来说,用一个高级的安全微控制器就能满足要求,同时模块更小,所需功耗也就更低。由于很多处理都是在传感器内部完成的,传感器数量增加不会大幅增加对中央 ECU 的性能需求。其缺点为:传感器模块需要应用处理器,使得体积更大、价格更高且功耗更大。由于本地处理和决策制定,传感器模块的功能安全要求也就更高。当然增加更多的传感器,成本也会大幅上升。中央决策制定 ECU

只能获取对象数据,而无法访问实际的传感器数据。因此很难实现感兴趣的区域"放大"。

(3)集中式和分布式处理相结合。根据系统中所使用传感器的数量与种类,针对不同车型和升级选项的可扩展性要求,将两种拓扑混合在一起得到的一种优化解决方案。一个全分布式系统可以使用现有的传感器模块与数据融合 ECU 组合在一起,如图 3-30 所示。

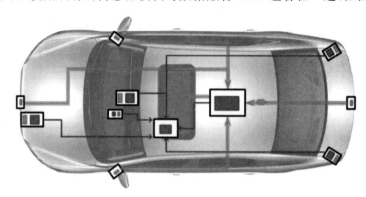

图 3-30　集中式和分布式处理相结合

3.4.5　传感器数据融合算法

利用多个传感器所获取的关于对象和环境全面、完整的信息,主要体现在融合算法上,多传感器系统的核心问题是选择合适的融合算法。对于多传感器系统来说,信息具有多样性和复杂性,因此对信息融合算法的基本要求是具有鲁棒性和并行处理能力,以及较高的运算速度和精度。下面简要介绍 3 种常用的数据融合算法:贝叶斯统计理论、神经网络技术以及卡尔曼滤波方法。

1)贝叶斯统计理论

贝叶斯统计理论是一种统计学方法,用来估计统计量的某种特性,是关于随机事件 A 和 B 的条件概率的一则定理。所谓"条件概率"(Conditional Probability),就是指在事件 B 发生的情况下,事件 A 发生的概率,用 $P(A|B)$ 来表示。根据图 3-31 容易推导得到:

$$P(A|B) = P(A)\frac{P(B|A)}{P(B)} \tag{3-7}$$

由此可以推导出条件概率的公式,其中 $P(A)$ 称为先验概率(Prior Probability),即在事件 B 发生之前,对事件 A 发生概率的认识。

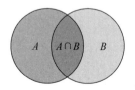

图 3-31　贝叶斯统计理论文氏图

视觉感知模块中交通限速标志识别（Traffic Sign Recognition，TSR）是智能驾驶的重要一环。在识别过程中，交通限速标志牌被树木、灯杆等遮挡是影响识别的主要干扰。一般定义事件 A 为交通信号标志正确识别，事件 B 为交通信号标志未能识别，例如事件 A 为限速标志未被遮挡，事件 B 为限速标志被遮挡。限速标志未被遮挡完全暴露出来，识别率是相当高的，但如果限速标记牌被阻挡住，识别率是比未遮挡的低很多。这两个指标的融合使用，可以用于作为评价目前图像处理算法识别限速标志性能的重要参考，实际的融合过程比这复杂得多。

2）卡尔曼滤波方法

卡尔曼滤波（Kalman Filtering）是一种利用线性系统状态方程，通过系统输入/输出观测数据，对系统状态进行最优估计的算法。简单来说，卡尔曼滤波是一个最优化自回归数据处理算法，卡尔曼滤波在测量方差已知的情况下能够从一系列存在测量噪声的数据中，估计动态系统的状态，而且便于计算机编程实现，并能够对现场采集的数据进行实时的更新和处理。卡尔曼滤波是目前应用最为广泛的滤波方法，在通信、导航、制导与控制等多领域得到了较好的应用。卡尔曼滤波是多源传感数据融合应用的重要手段之一，目前高级辅助驾驶系统上，搭载有毫米波雷达和超声波雷达模块，两者均能对障碍物车辆进行有效的位置估计判别。雷达利用主动传感原理，发射毫米波，接收障碍物回波，根据波传播时间计算角度距离。两者均能识别出车辆位置，那么如何融合信息？如何计算出具体的车辆位置呢？卡尔曼滤波利用目标的动态信息，去掉噪声的影响，得到关于目标位置的估计，这个估计可以是对当前目标位置的估计（滤波），也可以是对于将来位置的估计（预测），还可以是对过去位置的估计（插值或平滑）。卡尔曼滤波就是这样一个根据当前时刻目标的检测状态，预测估计目标下一时刻目标检测状态的一个动态迭代循环过程。

3）神经网络技术

神经网络（Neural Network，NN）是机器学习（Machine Learning，ML）的一种方式，是人工智能、认知科学、神经生理学、非线性动力学、信息科学和数理科学的"热点"。神经网络由一层一层的神经元构成，层数越多其深度越深。所谓深度学习（Deep Learning）就是用很多层神经元构成的神经网络达到机器学习的功能，神经细胞通过输入层、隐含层和输出层的连接，形成一个复杂的神经网络系统，通过有效的学习训练，使输出层的结果与现实越来越靠近，误差越来越小，当其精度满足一定的功能需求时，神经网络训练完毕，此刻构建的神经网络系统即能解决众多机器学习上的图像识别、语音识别和文字识别上的问题，神经网络结构如图 3-32 所示。

在智能驾驶目前的发展历程上看，神经网络技术乃至现在最新的深度学习技术，广泛用于视觉感知模块的车辆识别、车道线识别和交通标志识别。通过对中国路况工况的数据采集和处理，广泛获取国内不同天气状况（雨天、雪天、晴天等），不同路况（城市道路、乡村道路、高速公路等）的真实的环境数据，为深度学习提供了可靠的数据基础。神经网络的输入层数据，也即是传感器获取的数据，是多源多向的，可以是前挡风玻璃片上视觉感知模块的障碍物位置、形状、颜色等信息，也可以是毫米波雷达、超声波雷达检测的障碍物距离、角度、速度、加速度等信息,还可以是360°环视系统上采集的车位数据、地面减速带数据。

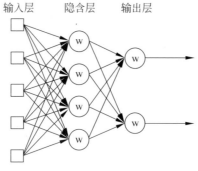

图 3-32　神经网络结构

3.5　环境感知与预测

3.5.1　环境感知理论概述

环境感知也被称为 MODAT(Moving Object Detection and Tracking),是自动驾驶四大核心技术(环境感知、精确定位、路径规划和线控执行)中被研究最多的部分。环境感知主要包括路面、静态物体和动态物体3个方面。对于动态物体,不仅要检测,还要对其轨迹进行追踪,并根据追踪结果预测该物体下一步的轨迹(位置)。这在北京市区必不可少,最典型场景就是北京五道口:如果见到行人就停,那就永远无法通过五道口,行人几乎是从不停歇地从车前走过。驾驶员会根据行人的移动轨迹大概评估其下一步的位置,然后根据车速计算出安全空间(路径规划)。多个移动物体的轨迹的追踪与预测,难度比单一物体要高得多,也是无人车最具难度的技术。

3.5.2　环境感知算法与应用实例

1. 车道线识别

车道线识别技术是指从自动驾驶车辆装载的摄像头获取的视频及图像中识别出路面的车道线及其位置的技术。由于车道线的视觉特征比较明显,所以车道线识别一般采用摄像机获取图像,应用相应的图像处理技术来分析图片中的车道线,按照摄像头的标定信息将图片中的车道线位置转换为车体坐标系中的位置,用于自动驾驶车辆后续的规划和控制,其应用的图像处理技术主要可分为传统图像处理和深度学习图像处理两种。

(1) 传统图像处理。通过提取车道线的图像特征(包括边缘、色差、直线、曲线等),直接标记车道线位置区域,最后将位置区域拟合为车道线,具体步骤如图 3-33 所示。

车载摄像机一般为广角摄像机,获取的原始图像存在一定的失真现象。图像预处理就是根据摄像机的内部参数及标定的外部参数将原始图像调整为正常比例图像。灰度化处理是将图像中每个点 RGB 三维的数据整合为一维的灰度数据，这样可以简化后续处理的复杂度，缩短整体处理时间，如图 3-34(a)和图 3-34(b)所示。

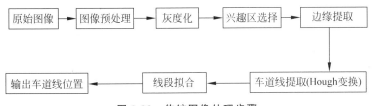

图 3-33　传统图像处理步骤

(a) 车道线原图

(b) 灰度图像车道线识别图

图 3-34　传统灰度化车道线识别

一般情况下车道线与路面有较明显的颜色差异（车道线为白色或黄色，路面为灰色或黑色），因此车道线的边缘处会有明显的颜色变化，在一维的灰度数据中表现为明暗变化。边缘提取就是标记出这样变化明显的位置，常用算法有 Canny 算法和 Sobel 算法，可以根据实际效果选取效果好的算法，如图 3-35(a)和图 3-35(b)所示。

(a) 车道线原图

(b) 边缘提取车道线识别图

图 3-35　边缘提取车道线识别

对于固定安装的摄像机，车道线在图中的位置相对固定，如平视安装的摄像机，车道线一般位于生成图片的下半部分，兴趣区域选择就是截取图片的对应区域，以减少计算和增加识别精度。

Hough 变换是提取图片中直线、圆形、椭圆特征的常用方法。选定兴趣区域以后，Hough 变换可以帮我们提取图片中的直线段，即车道线中的直线段，最后将提取的线段拟合为连续的直线或者曲线，即可生成车道线，如图 3-36(a) 和图 3-36(b) 所示。

(a) 车道线原图　　　　　　　　　　(b) Hough 变换车道线识别图

图 3-36　Hough 变换车道线识别

(2) 深度学习图像处理。传统方法使用固定图像特征，很容易在道路场景变化时出现准确度下降的情况，深度学习图像处理训练深度神经网络来提取图像中车道线的特征，进而对图像中每个像素点分类，判断像素点是否属于车道线的一部分，最后再将像素点聚类并拟合为车道线，其识别过程如图 3-37 所示。

图 3-37　基于深度学习的车道线识别过程

除了传统图像处理中还原失真的预处理以外，深度学习图像预处理往往还包括数据增强和数据归一化等，这些操作可以使深度神经网络在训练时收敛更快。车道线提取中常用的深度神经网络有卷积神经网络(CNN)和循环神经网络(RNN)。CNN 善于在复杂场景中分类，可以定位属于车道线的像素点。RNN 可以应用于车道线边界的识别。根据深度神经网络设计的不同，像素点的聚类拟合也不尽相同。一般情况下，深度神经网络输出各像素点为车道线像素点的准确度，之后依据模型拟合出车道线曲线。常用模型有三次多项式，样条曲线等。也可以使用支持向量机(SVM)或者 RNN 来识别车道线边界。

深度神经网络也可以学习并提取图像特征，并分类识别每个像素点是否为车道线。但是由于自动驾驶场景的多变，获取的图片会有明暗变化、阴影遮挡、上下坡造成的扭曲、晃动造成的图像模糊等问题，这些问题都是车道线识别技术在实际应用中的挑战。

在自动驾驶领域，除了实时识别车道线，同样可以在高精地图中定义好车道线的位置。在车辆获得精确的定位以后，依据地图的定义，自动驾驶车辆就可以依据自身在地图中的位置确定车道线的位置，从而知道可以行驶的区域。此方法需要提前制定高精地图，同时需要精确定位辅助。

2. 车辆行人识别

在自动驾驶领域,车辆行人识别是车辆完成自动驾驶能力的关键一环。自动驾驶车辆不仅要识别出道路中移动的其他车辆、行人、摩托车以及未知障碍物等,还要对其位置、速度和运动轨迹做出判断,从而在规划控制中采取不同策略应对不同场景,识别步骤如图 3-38 所示。

图 3-38 自动驾驶车辆行人识别过程

常见的自动驾驶车辆传感器以摄像机、毫米波雷达和激光雷达为主。由于毫米波雷达分辨率较低,一般作为辅助传感器,车辆行人识别主要应用摄像机和激光雷达。其中摄像机输出为二维图像,富含颜色、强弱等视觉信息,在识别车辆行人等功能上有一定优势。但是在识别物体的定位上有所不足,需要多个摄像机协同或者其他测距传感器辅助才能完成。激光雷达输出为三维点云,虽然没有色彩属性,但包含识别物体的位置信息、反光强弱等。即便分类识别精度不如摄像头,但是可以一次性输出自动驾驶系统后续所需的障碍物位置、大小、速度等信息。车辆行人识别主要分为传统图像处理和神经网络学习两种。

(1) 传统图像处理。以摄像头为主的自动驾驶方案中,图像处理是车辆行人识别技术的基础,摄像机捕捉到的图片在预处理以后,输入深度神经网络进行处理。根据摄像机方案的不同,预处理不仅限于归一化等深度学习的标准操作,也包括多摄像头的拼接、其他传感器的数据融合等,如图 3-39 所示。

图 3-39 传统图像处理车辆行人识别

(2) 神经网络学习。常用的深度神经网络为卷积神经网络(CNN),经过调整和训练,神经网络可以将对应方案输入图片中的像素点一一分类,标记为车辆、行人和骑手等,并输出每个分类的可信度。神经网络的输出结果需要进行处理和分析,筛选出最可能的标记像素点。这些像素点会被组合成完整的物体,从而得到该物体的位置和大小,速度等动态信息可以根据历史记录追踪计算。

以激光雷达为主的自动驾驶方案中,点云是车辆行人识别的基础。与图像不同,点云本身就是三维数据,传统的用于图像处理的 CNN 无法直接作用于点云数据。所以需要将三维点云降到二维或者调整CNN使之可以应用三维数据。点云降维处理方式是将点云数据压缩整合,并投影到某一个视角下的平面中,常用视角包括车前视角和鸟瞰图视角。其中鸟瞰图视角的投影效果更好,应用更加方便。投影过的点云可以看作一张二维图像,可作为CNN的输入。由于点云数据包含三维位置信息,可以很容易得到鸟瞰图视角下各个物体的位置信息。

另一种方法是将点云数据压缩整合为一个个三维像素点,整个点云组成一个三维图像,调整CNN使之可以输入三维像素点,之后CNN直接分析每个三维像素点,并对其分类。分类后的三维像素点包含固有的三维数据。同图像处理类似,分类后的二维或者三维像素点需要聚类组合后,才能最终确定识别到的物体的大小及位置,点云处理输出图像如图3-40所示。

图3-40　自动驾驶点云车辆行人识别

3. 交通标志与交通灯识别

交通标志与交通灯识别技术是检测并识别道路交通标识和交通灯的技术,用来让自动驾驶车辆读懂道路行驶规则。

(1) 交通标志识别。由于交通标志的图像特征(形状、颜色等)明显,一般使用摄像机获取图像数据用于识别。识别方法大致分为模型识别和深度学习识别。早期的交通标志识别以模型识别为主,主要应用交通标志的颜色、形状、边缘等特征,在图像中找寻特定标志并识别具体内容。随后,模式特征、表面特征、模板等也被引入交通标志识别,并使用常见的机器学习技术(如支持向量机SVM和各种分类器)来分类识别标志,但是这些方法不具备很好的泛化能力。随着大量数据集的建立,深度学习技术也被应用到交通标志识别技术中,获得了不错的效果,如图3-41(a)和图3-41(b)所示。

(2) 交通灯识别。发现并识别出自动驾驶车辆前方交通灯的位置及显示状态(红、黄、绿),通常情况下只需要识别一个交通灯的状态,复杂情况下则需要识别多个交通灯的状态并判断出哪个交通灯对应车辆行驶的车道。

由于交通灯的结构特征明显,通常选用图像中的颜色(红、黄、绿)、形状(圆形或箭头)和结构(三个相连)等作为判断的特征,创建模型进行模型识别。然而,这类方法在复杂的情形(过曝、遮挡、阴影、交通灯安装不标准等)中效果不好,因此模型识别的方法逐渐被机器学习和深度学习方法所替代。SVM、CNN等都已被应用到交通灯的识别当中。交通标志作为每条道路的固定规则,往往变化情况较少,但是不同国家地区应用的标准不同。因此,用一套系统实时识别道路中的所有交通标志信息是充满挑战的任务。在配备高精地图的自动驾驶车辆中可以在地图中定义对应的规则。这样,结合自动驾驶车辆的实时定位,可以从高精地图中获取相应的道路行驶规则,省略了识别的过程。人行道等也可以定义在高精地图中。

(a) 待识别的交通标志

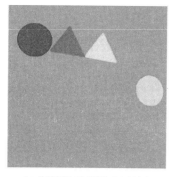
(b) 深度学习识别的交通标志

图 3-41　交通标志识别

另一方面,车联网领域车路协同的发展也使得自动驾驶车辆实时获取交通标志信息和交通灯信息成为可能。配备车联网通信功能的自动驾驶车辆可以通过车路协同与行驶道路设施通信,准确实时地获取所需信息,交通灯识别效果如图 3-42 所示。

图 3-42　交通灯识别

3.6　定位系统

3.6.1　定位理论概述

自动驾驶的三大工作内容分别是感知、决策和执行,感知中很重要的一个部分就是定位,如果没有精确的定位结果,后续的决策和执行将无从谈起。自动驾驶中的汽车定位要达到安全可靠,需满足以下性能指标:

(1) 精度:测量值和真实值之间的重合度。

(2) 完好性:服务不可用时提出告警的能力。

(3) 连续性：告知客户系统正常工作的持续能力。
(4) 可用性：提供符合指标定位服务的百分比。

常用的定位方式可以划分为 GPS(Global Position System, 全球定位系统)定位、DGPS(Differential Global Position System, 差分全球定位系统)定位、RTK(Real Time Kinematic, 实时动态)定位、惯导定位和高精(地图)定位，下面对定位原理进行介绍。

3.6.2 定位传感器

1. GPS 接收天线

GPS 接收天线是接收全球定位系统卫星信号并确定地面空间位置的仪器。GPS 卫星发送的导航定位信号，是一种可供用户共享的信息资源。对于陆地、海洋和空间的广大用户，只要用户拥有能够接收、跟踪、变换和测量 GPS 信号的接收设备，就可以在任何时候进行导航定位测量。新石器自动驾驶汽车 GPS 接收无线如图 3-43 所示。

(a) GPS接收天线模块正面视图　　　(b) GPS接收天线侧面视图

图 3-43　新石器自动驾驶汽车 GPS 接收无线

GPS 接收天线特点：①天线部分采用多馈点设计方案，实现相位中心与几何中心的重合，将天线对测量误差的影响降低到最小；②天线单元增益高，方向图波束宽，确保低仰角信号的接收效果，在一些遮挡较严重的场合仍能正常搜星；③带有抗多径扼流板，有效降低多径对测量精度的影响；④防水、防紫外线外罩，为天线能长期在野外工作提供保障。

2. IMU

IMU 是测量物体三轴姿态角(或角速度)以及加速度的装置，如图 3-44 所示。IMU 包含了三个单轴的加速度计和三个单轴的陀螺，加速度计检测物体在载体坐标系独立三轴的加速度信号，而陀螺检测载体相对于导航坐标系的角速度信号，测量物体在三维空间中的角速度和加速度，并以此计算出物体的姿态，其在导航中有重要应用价值。

卫星组合导航系统由高精度测绘级卫星接收板卡、三轴 MEMS 陀螺仪、三轴 MEMS 加速度计组成，可在星况良好的环境下提供厘米级定位精度，并在卫星信号遮挡、多路径等环境下长时

图 3-44　星宇达的 M2 IMU

间保持位置、速度、姿态精度。设计轻便小巧、简单易用,适用于辅助驾驶、无人驾驶、车载定位定向、AGV 车等环境,主要特点如下:

(1) 产品支持后处理解算。
(2) 适合车载/无人驾驶行业的接口设计。
(3) 宽电压输入 9~36V。
(4) 最高 200Hz 数据更新速率。
(5) IP65 防水防尘等级。
(6) 工作温度－30℃~70℃。

无人驾驶系统依靠 GPS 和 IMU 就可以知道经纬度信息和行驶方向(航向),当然 IMU 还能提供诸如横摆角速度、角加速度等更丰富的信息,这些信息有助于自动驾驶汽车的定位和决策控制。

3.6.3 定位技术

1. GPS 定位技术

(1) GPS 的构成。定位技术已经成为越来越热的一门技术,以后也将成为所有移动设备的标配,而定位技术中,目前精度最高、应用最广泛的就是 GPS 定位。

GPS 主要包括空间部分、控制部分和用户部分三个部分,其构成如图 3-45 所示。

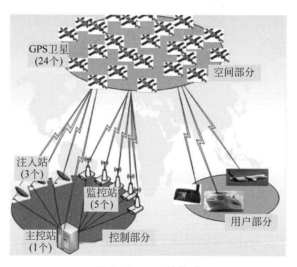

图 3-45　GPS 的构成

GPS 空间部分主要由 24 颗 GPS 卫星构成,其中 21 颗工作卫星,3 颗备用卫星。24 颗卫星运行在 6 个轨道平面上,运行周期为 12 个小时。保证在任一时刻、任一地点高度角 15°以上都能够观测到 4 颗以上的卫星,主要发送导航定位的卫星信号,GPS 导航星座图如图 3-46 所示。

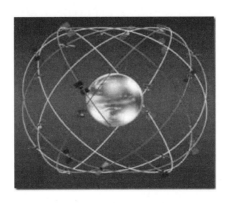

图 3-46　GPS 导航星座图

GPS 控制部分由 1 个主控站、5 个监控站和 3 个注入站组成,其作用是监测和控制卫星运行、编算卫星星历(导航电文)和保持系统时间。

(2) GPS 定位原理。GPS 定位实际上就是通过 4 颗已知位置的卫星来确定 GPS 接收器的位置。实际解算过程非常复杂,而且涉及误差的评估和计算,本章节不深入讨论。GPS 位置解算如图 3-47 所示。

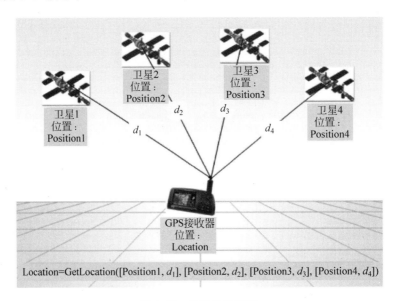

图 3-47　GPS 位置解算

图中的 GPS 接收器为当前要确定位置的设备,卫星 1、2、3、4 为本次定位要用到的 4 颗卫星;Position1、Position2、Position3、Position4 分别为 4 颗卫星的当前位置(空间坐标);d_1、d_2、d_3、d_4 分别为 4 颗卫星到要定位的 GPS 接收器的距离;Location 为要定位的卫星接收器的位置。

每个 GPS 卫星都在广播自己的位置,在发送位置信息的同时,也会附加上该数据包发出时的时间戳。GPS 接收器收到数据包后,用当前时间减去时间戳上的时间,就是数据包在空中传输所用的时间了。时间乘上它的传输速度,就是数据包在空中传输的距离,也就是该卫星到 GPS 接收器的距离了。理想速度就是光速 c,把传播时间记为 T_i,用公式表示就是:

$$d_i = c \times T_i \quad (i=1,2,3,4) \tag{3-8}$$

根据立体几何知识,三维空间中三对 $[Position_i, d_i]$ 数据就可以确定一个点了(实际上可能是两个,可以通过逻辑判断舍去一个),为什么这里需要四对呢?理想情况下,的确三对就够了,但是事实上,因 c 值是很大的(理想速度即光速),那么对于时间 T_i 而言,一个极小的误差都会被放大很多倍从而导致整个结果无效。在 GPS 定位中,对时间的精度要求是极高的,会出现一个卫星上的时钟和接收机时钟时间同步的误差,这个误差作为一个待求参数,所以四个未知参数就需要 4 对方程来求解。这就是 GetLocation() 函数必须用四组数据的原因,也就是为什么必须有四颗卫星才能定位的原因。进行位置计算时都是用空间坐标形式表示,但是对 GPS 设备及应用程序而言,通常需要的是经度、纬度和高度的信息,进行从空间坐标形式到经纬度形式的转换就可以得到经纬度坐标。

2. DGPS 定位技术

DGPS 即差分全球定位系统。目前 GPS 能够提供的定位精度是优于 10m,为得到更高的定位精度,可以采用差分 GPS 技术。将一台 GPS 接收机安置在基准站上进行观测,根据基准站已知的精确坐标,计算出基准站到卫星的距离和由于误差的存在基准站接收机观测的伪距离之间存在一个差值,这个差值(改正数)由基准站实时地发送出去。用户接收机在进行 GPS 观测的同时,也接收到基准站发出的正数,并对其定位结果进行修正,从而提高定位精度。绝对单点定位有多种误差,导致精度受限。而差分定位就是为了消除或者减弱这种误差设计的,所以定位精度可以提高。DGPS 定位的优点主要包括:

(1)消除卫星时钟差。
(2)消除卫星星历误差。
(3)消除电离层延迟。
(4)消除对流层延迟。
(5)将接收机时钟差作为未知数求出。

以上措施将有效地提高 GPS 定位精度。

3. RTK 定位技术

RTK 载波相位差分技术是实时处理两个测量站载波相位观测量的差分方法。如图 3-48 所示,将基准站采集的载波相位发给用户接收机进行求差解算坐标。这是一种新的常用的卫星定位测量方法,以前的静态、快速静态、动态测量都需要进行解算才能获得厘米级的精度,而 RTK 是能够在野外实时得到厘米级定位精度的测量方法。

RTK 系统由基准站子系统、管理控制中心子系统、数据通信子系统、用户数据中心子系统和用户应用子系统组成,可以在很短的时间内获得厘米级的定位精度,被广泛应用于控制测量、施工放样、工程测量及地形测量等领域,但 RTK 也有一些缺点,主要表现在需要架设本地参考站,误差随流动站到基准站距离的增加而变大。

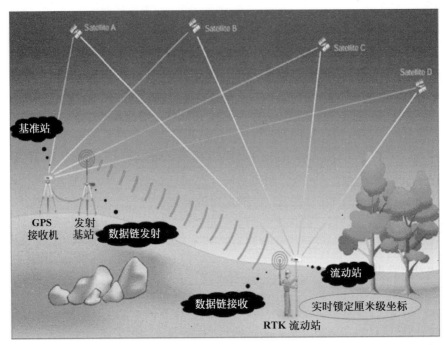

图 3-48　RTK 定位原理图

4. 多传感器融合定位技术

GNSS、IMU、视觉定位、激光雷达、轮速计、高精地图等都是传感器的一种,多种传感器可采集不同形式的数据,用于生成不同类型和不同权重的约束。多传感器融合定位技术,可以规避单一定位方法的缺陷,获得更准确的定位结果。

(1) 惯性导航原理。惯性测量装置包括加速度计和陀螺仪,又称惯性测量单元(IMU)。3 个自由度陀螺仪用来测量运动载体的 3 个转动运动的角速度;3 个加速度计用来测量运动载体的 3 个平移运动的加速度。计算机根据测得的加速度信号计算出运动载体的速度和位置数据,控制显示器显示各种导航参数,其原理如图 3-49 所示。

惯性导航的优点主要有:不依赖于任何外部信息,也不向外部辐射能量,故隐蔽性好且不受外界电磁干扰的影响;可全球、全天候工作于空中、地表乃至水下,能提供位置、速度、航向和姿态角数据,产生的导航信息连续性好而且噪声低;数据更新率高、短期精度和稳定性好。

惯性导航的缺点主要有:由于导航信息经过积分而产生,定位误差随时间而增大,长期精度差;每次使用之前需要较长的初始对准时间;设备的价格较昂贵,而且不能输出时间信息。

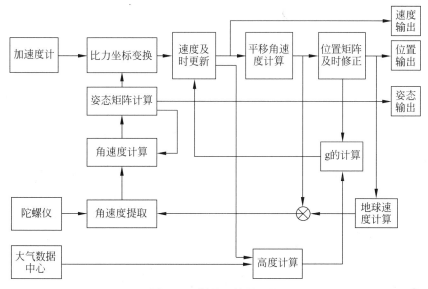

图 3-49 惯导系统原理图

(2) 视觉定位原理。视觉定位是指用车载摄像头拍摄环境图像,跟已知的地图元素做对比或以递推方式计算车辆位置的定位方式,可分为绝对定位和相对定位。

视觉绝对定位是利用位置基本固定的参照物,如建筑、交通标志、地面交通参考线等。视觉相对定位,也就是现在比较流行的 vSLAM(视觉同步定位与地图构建)和 VO(视觉里程计)。这两个词常常一起出现,前者包含后者,一般讨论中都以 vSLAM 代替,其主要特点是提供后端的回环和优化。视觉定位的一般流程可分为 4 步:摄像机采集图像,图像预处理,提取图像特征或提取语义,用多视图几何和优化方法求解位姿。视觉定位原理如图 3-50 所示。

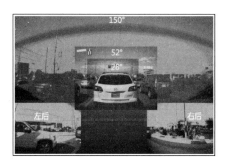

图 3-50 视觉定位原理

(3) 雷达点云地图匹配定位。雷达有很多种,目前主流用于车辆定位的是激光雷达,在自动驾驶领域,使用最多的是三维激光雷达。

三维激光雷达采用多束激光的发射管和接收管按不同角度排列,中间装有隔离板,按照一定的顺序交错发射避免相互干扰,光源和接收器组件旋转起来之后,即可获得对周围环境的多线扫描结果,形成一个三维坐标系中点的集合,称为点云。

激光雷达定位可分为有图定位和无图定位,有图定位分为建图和用图两个步骤。建图时将点云逐帧叠加在车辆的运行轨迹上即可获得点云地图。运行轨迹可以是高精度组合惯导系统输出的轨迹,也可以是点云 vSLAM 输出的轨迹。点云直接建图通常会生成比较大的点云文件,原始点云地图并不适合大范围使用。建立点云地图后,在该点云地图上对每帧点云用匹配算法就能获得当前车辆的准确位置,如图 3-51 和图 3-52 所示。

图 3-51　激光雷达点云图　　　　图 3-52　激光雷达构建某园区点云地图

无图定位和视觉里程计类似,将点云两帧匹配并组合后构造一个点云里程计以实现相对定位,例如开源软件 Autoware 里的点云定位模块,也可以提取点云的平面特征和角点特征做匹配,构建点云特征里程计实现定位。目前很多自动驾驶公司采用的都是点云地图定位,少数采取的是视觉 vSLAM 定位,例如北京新石器公司采取的是百度高精地图点云匹配定位。

本章小结

自动驾驶的三大工作内容分别是感知与定位、决策和执行,其中感知与定位技术在自动驾驶中起着至关重要的作用,它们使汽车能够监控周围环境,探测障碍物并规划道路。感知与定位包括三个阶段:感知阶段、定位阶段和规划阶段。感知阶段通过摄像头、雷达等传感装置感知行驶环境并根据所感知到的环境做出操纵指令;定位阶段通过高精度地图、GPS 等静态数据固化,降低感知层面的计算量;规划阶段则是要与各个信息源互动,实时规划出车辆的最佳反应。本章主要介绍自动驾驶传感器类型与工作原理,如多线激光雷达、组合惯导、相机、毫米波雷达、超声波雷达等;然后介绍环境感知与传感器数据融合方法,最后介绍了常用的自动驾驶定位技术,如 GPS 定位、RTK 定位、多传感器融合定位等定位方法。

第 4 章 自动驾驶决策与规划

CHAPTER 4

4.1 自动驾驶决策与规划概述

决策与规划是自动驾驶的关键技术之一,它决定车辆在行驶过程中能否顺畅、准确地完成各种驾驶行为。决策与规划系统相当于人类的大脑,融合多传感信息,然后根据驾驶需求进行任务决策,接着在避开可能存在的障碍物的前提下,通过一些特定的约束条件,规划出两点间多条可选安全路径,并在这些路径中选取一条最优的路径作为车辆的行驶轨迹。

如图 4-1 所示,决策与规划模块的上层是环境感知模块、下层是控制与执行模块,智能汽车决策与规划模块根据传感器输入的各种数据和参数生成期望的路径,并计算相应的控制量给后续控制器使用。决策与规划模块狭义上包含路径规划、行为决策和运动轨迹规划,其中路径规划层主要进行全局路径规划,运动轨迹规划层主要进行局部路径规划和速度规划。路径规划问题最早出现在 20 世纪 60 年代末的人工智能机器人领域,特指在考虑移动主体和障碍物之间的几何关系下,找到一条不发生碰撞的静态路径,通常表示轮式移动机器人在笛卡儿坐标下位置和姿态的关系。全局路径规划是由获取到的地图信息,规划出一条在特定条件下的无碰撞最优路径。局部路径规划则是根据全局规划,在一些局部环境信息基础上,能避免撞上未知的障碍物,最终到达目标点的过程。

由于道路环境非常复杂,车辆系统本身是非完整系统,使得智能汽车在行驶过程中的运动规划问题变得复杂。运动轨迹规划是在静态路径规划的基础上考虑时间因素和车辆的动力学、运动学等约束条件,并根据车辆当前的位姿以及传感器收集到的周围环境的状态信息,规划出可行的参考轨迹。最后将轨迹以控制量的方式供给到后续的控制系统,使得车辆可以沿着相应的轨迹行驶,避免碰撞。近年来,国内外智能汽车的运动轨迹规划方法有了很大的改进,这些方法最大的改进就是考虑车辆实际行驶的环境条件并根据控制系统的需要,以生成最优的参考轨迹。

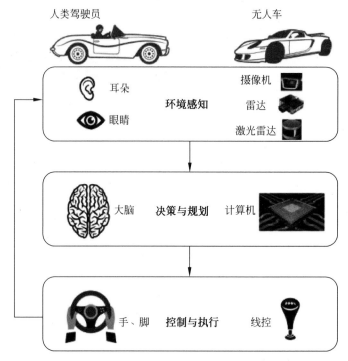

图 4-1 自动驾驶体系

4.2 决策与规划体系结构

决策与规划层是自动驾驶系统智能性的直接体现,对车辆的行驶安全性和整车性能起着决定性作用,众多企业和高校,例如谷歌公司和斯坦福大学做出了大量研究。常见的决策与规划体系结构有分层递阶式、反应式以及混合式体系结构 3 种。

4.2.1 分层递阶式体系结构

分层递阶式体系结构是一个串联系统结构,如图 4-2 所示。在该结构中,智能驾驶系统的各模块之间次序分明,上一个模块的输出即为下一个模块的输入,因此又称为"感知-规划-行动"结构。当给定目标和约束条件后,决策与规划层就根据即时建立的局部环境模型和已有的全局环境模型决定下一步的行动,进而依次完成整个任务。

由于该结构对任务进行了自上而下的分解,从而使得每个模块的工作范围逐层缩小,对问题的求解精度也就相应的逐层提高,具备良好的规划推理能力,容易实现高层次的智能控制。但是此结构也存在一些缺点:①它对全局环境模型的要求比较理想化,全局环境模型的建立是根据地图数据库先验信息和传感器模型实时构造信息,所以它对传感器提出了很高的要求,与此同时,存在的计算瓶颈问题也不容忽视,从环境感知模块到执行模块,中间存在着延迟,缺乏实时性和灵活性;②分层递阶式体系结构的可靠性不高,一旦其中某个模块出现软件或者硬件上的故障,信息流和控制流的传递通道就受到了影响,整个系统很有可能发生崩溃而处于瘫痪状态。

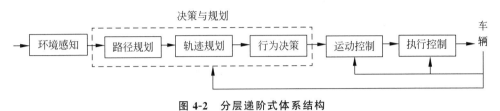

图 4-2 分层递阶式体系结构

4.2.2 反应式体系结构

与分层递阶式体系结构不同,反应式体系采用并联结构,如图 4-3 所示,每个控制层可以直接基于传感器的输入进行决策,因而它所产生的动作是传感器数据直接作用的结果,可突出"感知-动作"的特点,易于适应完全陌生的环境。其中,基于行为的反应式体系结构是反应式体系中最常用的结构。反应式体系结构最早于 1986 年由 Brooks 提出并成功应用于移动机器人。其主要的特点是存在着多个并行的控制回路,针对各个局部目标设计对应的基本行为,这些行为通过协调配合后作用于驱动装置,产生有目的的动作,形成各种不同层次的能力。虽然高层次会对低层次产生影响,但是低层次本身具有独立控制系统运动的功能,而不必等高层次处理完毕。

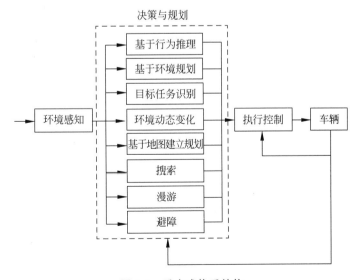

图 4-3 反应式体系结构

反应式体系结构中的许多行为主要设计成一个简单的特殊任务,所以感知、规划和控制三者可紧密地集成在一块,占用的存储空间不大,因而可以产生快速的响应,实时性强。同时,每层只需负责系统的某一个行为,整个系统可以方便灵活地实现低层次到高层次的过渡,而且若其中一层的模块出现了预料之外的故障,剩下的层次仍能产生有意义的动作,系统的鲁棒性得到了很大的提高。但是设计方面也存在一些难点:①由于系统执行动作的灵活性,需要特定的协调机制解决各个控制回路对同一执行机构争夺控制的冲突,以便得到有意义的结果;②随着任务复杂程度以及各种行为之间交互作用的增加,预测一个体系整体行为的难度将会增大,缺乏较高等级的智能。

4.2.3 混合式体系结构

分层递阶式体系结构和反应式体系结构各有优劣,都难以单独满足行驶环境复杂多变的使用需求,所以越来越多的行业人士开始研究混合式体系结构,将两者的优点进行有效的结合(见图 4-4),在全局决策规划层次上,则生成面向目标定义的分层递阶式行为;在局部轨迹规划层次上,生成面向目标搜索的反应式体系的行为分解。车辆驾驶决策技术是实现自主驾驶的核心,不良驾驶决策将影响车辆自身安全、节能和舒适性,并造成外部交通流效率降低。国内外学者在基于环境信息、车辆状态等方面的车辆智能驾驶决策方法已取得了一些成果,能够在一定程度上满足复杂、动态的实际交通场景。

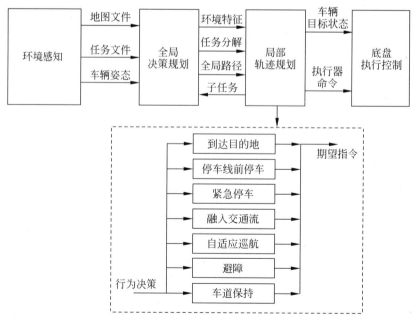

图 4-4 混合式体系结构

4.3 决策与规划系统的关键环节

智能驾驶决策与规划系统常采用递阶式体系结构,可分为4个关键环节,分别是路径规划、轨迹规划、行为决策和异常处理。其中行为决策,完成智能汽车的全局路径规划任务;轨迹规划,在不同的局部环境下,进行智能驾驶车辆的运动轨迹状态规划;异常处理,负责智能汽车的故障预警和预留安全机制。行为决策和轨迹规划分别对智能性和实时性要求较高。

1) 路径规划

路径规划作为智能驾驶的智能核心部分,接收到传感感知融合信息,通过智能算法学习外界场景信息,从全局的角度规划具体行驶任务,从而实现智能车辆拟人化控制融入整个交通流。路径规划通常是指全局的路径规划,也可以称为全局导航规划,从出发点到目标点之间的纯几何路径规划,无关时间序列,无关车辆动力学。智能驾驶中进行道路、车道和行驶三级任务分工,在道路级进行全局的任务规划,在车道级根据周边交通状况,规划运动轨迹,行驶时根据前后车进行运动智能控制。交通流的复杂度借助信息传递影响规划任务的复杂程度,进而决定智能驾驶动作。不断实时的监督车辆运动状态和周围环境信息,当探测到当前道路阻塞时,要求重新规划任务,并做分解调整。

2) 轨迹规划

轨迹规划是根据局部环境信息、上层决策任务和车身实时位姿信息,在满足一定的运动学约束下,为提升智能汽车安全、高效和舒适性能,规划决断出局部空间和时间内车辆期望的运动轨迹,包括行驶轨迹、速度、方向和状态等,并将规划输出的期望车速以及可行驶轨迹等信息传给下层车辆控制执行系统。轨迹规划层应能对任务决策层产生的各种任务分解做出合理规划。规划结果的安全性、舒适性是衡量运动规划层性能的重要指标。

3) 行为决策

无人车通过各类传感器对真实环境进行环境感知与建模,形成环境模型与局部地图,GPS和惯性导航系统根据它们进行定位与建图,生成全局地图交付行为决策与路径规划模块,此模块生成局部路径,传递至运动控制模块进行跟踪控制,车辆实际状态因而发生改变。无人车行为决策概念为:无人车通过车辆传感器感知到交通环境信息,考虑行驶区域、动静态障碍物以及车辆汇入和让行规则,与无人驾驶行为知识库中的各种决策知识、经验相匹配,进而选择适合当前道路交通环境的驾驶行为。行为决策模块在宏观上决定了无人车如何行驶。

4) 异常处理

异常处理作为预留的智能驾驶系统安全保障机制,一方面是在遇到不平及复杂路面易造成车辆机械部件松动、传感部件失效等问题时,通过预警和容错控制维持车辆安全运行;另一方面是在决策过程中由于某些算法参数设置不合理、推理规则不完备等原因导致智能汽车在行为动作中重复出现某些错误并陷入死循环时,能够建立错误修复机制使智能汽车自主地跳出错误死循环,朝着完成既定任务的方向继续前进,以减少人工干预来解决问题,这是提高车辆智能化水平所必需的。

异常处理采用降低系统复杂性的原则,在程序正常运行使智能汽车陷入重复错误死循环时,进入错误修复状态,利用自适应错误修复算法产生新的动作序列直至智能汽车成功跳出错误死循环方转入程序正常运行状态。具体的技术方法是:建立专家系统,就智能汽车交叉口通行中出现的错误状态的表现与成因进行分析、定义与规则描述,制定判断动作失败的标准;研究自适应错误修复算法,对各错误状态的成因进行分类,并相应地制定调整策略,以产生新的动作序列。

4.4 自动驾驶的路径规划技术

如图 4-5 所示,路径规划为无人车提供行驶的最佳路线。路径规划是指在一定环境模型基础上,给定无人驾驶汽车的起始点与目标点后,按照某一性能指标规划出一条无碰撞的能安全到达目标点的有效路径。路径规划是智能汽车导航和控制的基础,根据环境状态,路径规划可以分为不考虑运动细节的大范围全局路径规划和具体到运动轨迹的局部路径规划两个层次,具体分为两个步骤:一是建立环境地图;二是调用搜索算法在环境地图中搜索可行路径。本节主要介绍全局路径规划,局部路径将在运动规划中介绍。

图 4-5 自动驾驶路径规划

全局路径规划根据全局地图数据库信息规划出自起始点至目标点的一条无碰撞可通过的最优全局路径。在电子地图、路网以及宏观交通信息等先验信息下,根据某优化目标得到两点之间的最优路径,常见于卫星定位导航等,完成路径规划的传感信息主要来自 GPS 定位信息以及电子地图。

4.4.1 基于图搜索的路径规划算法

自动驾驶环境系统通常简化为有向网络图(Directed Graph Network,DGN),该图能够表示道路和道路之间的连接情况、通行规则、道路的路宽等各种信息,这个有向网络图也被称为路网图(Route Network Graph,RNG),如图 4-6 所示。

图 4-6 中的 V 表示路口;a 表示有向边的权重,包含路径长度、限速等信息。自动驾驶车的路径规划问题可转化为在路网图中,为了让车辆到达某个目的地(通常来说是从 A 地到 B 地),基于某种方法选取最优(即代价最小)路径的过程,即一个有向图搜索问题。处理此问题的成熟算法有很多,常见的路径规划算法主要有:基于图搜索的方法、基于采样的方法、基于最优化的方法、基于曲线拟合的轨迹规划算法。

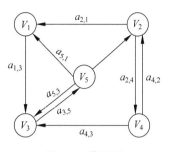

图 4-6　路网图

基于图搜索的路径规划是利用一定的方法将自动驾驶车辆所在空间的环境模型转换成离散图,在满足搜索算法约束下从图中计算出行驶路径。真实的环境包含一系列的形状和运动不规则的障碍物等,是连续时变的环境,为了对场景进行统一化处理,提高算法的计算效率,基于图搜索的算法将环境进行离散化表达并用离散图的形式来表征场景状态。图中每个节点表示状态空间中的一个离散状态,节点之间的连接表示状态的跳转。

构建图的方法有维诺图法、栅格法等。栅格法将车辆所在的工作空间根据一定的规律分解成若干方形栅格,分解实时性较高,但是该方法适用于地图分辨率不高的场景。维诺图法源于计算机图形学,构造维诺图需要依靠障碍物顶点,生成的路径有较好的平滑性,但是未必是最优路径。离散化之后,利用图搜索的方法进行最优路径求解,常用的算法包括 Dijkstra 算法和 A^* 算法。

1) Dijkstra 算法

Dijkstra 算法是基于图搜索的经典算法,由荷兰计算机科学家艾兹赫尔·戴斯特拉在 1956 年提出,用于解决最短路径问题。Dijkstra 算法是典型的单源最短路径算法,计算出了一个节点到其他所有节点的最短路径。它基于广度优先搜索算法,是从根节点开始的,沿着树的宽度遍历树的节点,如果所有节点均被访问则算法终止,广度优先搜索算法是在所有方向上均匀搜索。此算法在 DARPA 挑战赛中得以应用,如 Little Ben 以及 Odin。

算法思想:设 $G=(V,E)$ 是一个带权有向图,把图中顶点集合 V 分成两组。

第一组为已求出最短路径的顶点集合(用 Open 表示,初始时 Open 中只有一个源点,以后每求一条最短路径,就加入集合 Open 中,直到全部顶点都加入 Open 中,算法就结束了)。第二组为其余未确定最短路径的顶点集合(用 Close 表示),按最短路径长度的递增次序依次把第二组的顶点加入 Open 中。在加入的过程中,总保持从源点 V 到 Open 中各顶点的最短路径长度不大于从源点 V 到 Close 中任何顶点的最短路径长度。此外,每个顶点对应一个距离,Open 中顶点的距离就是从 V 到此顶点的最短路径长度,Close 中顶点的距离,是从 V 到此顶点只包括 Open 中顶点为中间顶点的当前最短路径长度。

2) A*算法

Dijkstra 算法能够找到最短路径，但是要遍历整个地图，由于搜索过程没有目标性，对于复杂环境非常耗时，相比 Dijkstra 算法全向搜索，在 Dijkstra 算法基础上，加入启发值函数，提出了 A* 算法。A* 算法可以简单理解为 Dijkstra 算法加入启发估算函数来决定每个节点搜索的权重，慢慢向目标靠近，用于加速运算。在 DARPA 挑战赛中，A* 算法及其改进的算法是多个参赛队伍的规划策略，并且其改进算法 AD* 是当年冠军车辆 Boss 使用的规划算法。

A* 算法在路径搜索时的成本函数中引入了启发值函数 $h(s)$，如图 4-7 所示，它表示当前节点到目标节点的估计值，通常用欧氏距离来表示：$h(s)=\sqrt{(x-x_{goal})^2+(y-y_{goal})^2}$。

成本函数 $f(s)=g(s)+h(s)$，$g(s)$ 表示起始节点到当前节点路径长度。

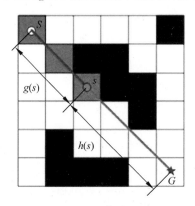

图 4-7　A* 算法原理

启发值函数的作用是引导搜索向目标节点扩展，减少搜索所需的状态节点，从而提高搜索效率。该算法一定能够搜索到最优路径的前提条件是 $h(s) \leqslant \text{cost}^*(s, s_{goal})$，即启发值要小于当前节点到目标节点的真实距离。A* 算法用 Open 和 Close 两个集合来管理节点，Open 集合存放扩展过的节点的子节点，它们属于待扩展的节点，Close 集合存放扩展过的节点。

反复遍历 open list，选择 f 值最小的方格。

计算组成路径方格的关键是：$f(s)=g(s)+h(s)$

$g(s)$：从起点 A 移动到指定方格的移动代价，沿着到达该方格而生成的路径。（例如 D 算法中的边长）

$h(s)$：从指定方格移动到终点 B 的估算成本。（$h=0$ 时 A* 就是 D 算法，常用的算法有 Manhattan 算法、对角线算法、欧几里得算法）

4.4.2　基于最优化的路径规划算法

自动驾驶汽车的路径规划问题可以用多目标优化问题来描述，利用目标函数对规划问题进行描述，并利用数值优化的方法对其进行在线求解，从而得到最优轨迹。基于优化的方法，包括基于状态空间的最优控制、凸优化等。

最优控制方法将车辆视为一个动态系统，建立满足车辆动力学的状态空间方程，通过设计目标函数增加约束条件和任务目标。最优控制一般包括一到两个性能指标，对于控制变量的取值不受约束的情况，一般用变分法进行求解；对于控制变量受约束的情况，一般用极小值原理进行求解。由于在最优控制方法中考虑时间的因素，因此生成的最优轨线是轨迹而不是路径，轨迹具有曲率连续的优点，且生成的轨迹中包括和时间相关的速度、加速度等轨迹特征值。对于终端时间自由问题的求解一般采用边界值问题（Boundary Value Problem，BVP）求解方法，这种求解方法需要对问题的解有初始估计值，如果初始估计值和结果数值相差较大会影响最终对问题的求解精度，同时为了容易求解，评价函数一般只包括一到两个评价指标，多个评价指标会使得问题的求解变得复杂。这就需要新的数值算法和最优控制求解方法相结合，以完成复杂问题的求解，使得最优控制方法能够更好地在轨迹规划中进行应用。

4.4.3　基于随机采样的路径规划算法

基于随机采样的路径规划算法是概率性算法，通过对工作空间的采样来评估连通性信息，这一随机采样的策略针对复杂问题可以快速找到可行解。但是由于其随机性，找到的解通常是次优解。另外，基于随机采样的路径规划算法不能保证在一定时间内针对所有问题都能找到解，也就是完备性问题。其实现方法是在构型空间里以随机的方式生成若干样本点，将不符合要求的样本剔除得到筛选后的路径。基于随机采样的路径规划算法有随机势规划（RPP）算法、随机路标图（PRM）算法、快速搜索树（RRT）算法、扩展空间树（EST）算法等。基于随机采样的规划算法包含以下过程：采样、度量、最近邻搜索、父节点搜索、局部优化、碰撞检测等。

其中，RRT算法是应用最广泛的。RRT算法是快速搜索树算法的简称，1998年由美国爱荷华州立大学Steven M. LaValle等人提出，是一种采用增量方式增长的随机采样算法。RRT算法是基于初始点和目标点进行随机采样，增量式地生成随机树。它将初始点作为随机树的根节点，通过随机采样，增加叶子节点的方式，不断向四周扩展，构造一个随机扩展树。RRT算法规划速度快，并且考虑了自动驾驶汽车的运动学约束。然而RRT的解并不是最优解，Gammell等人提出了改进的RRT*算法，提高了收敛速度和最终解的质量。

4.4.4　基于曲线拟合的路径规划算法

规划算法中，可以通过计算机图形学相关技术对若干路点进行路径平滑，综合物理可行性、车辆动力学、舒适性等因素来拟合车辆轨迹。曲线拟合算法可以将离散节点拟合成斜率连续的平滑路径，一般通过高阶多项式、Dubins曲线、Reeds-Sheep曲线、贝塞尔曲线等方式实现。常用的曲线拟合算法包括：直线和圆弧、Clothoid曲线、多项式曲线、三次样条曲线、

B样条曲线等。

多项式曲线是根据给定节点处的研究对象的状态信息,在给定约束条件下获得曲率连续可导的路径。但是如果轨迹约束条件不满足,必须对整条轨迹进行调整来满足约束条件的要求,计算量较大,使其应用受到限制。贝塞尔曲线是一种光滑插值曲线,由多个给定节点共同控制其形状。Dubins曲线由直线线段和不同半径的圆弧组成,它虽然考虑到了系统的非完整约束,却无法处理复杂碰撞情况。Reeds-Sheep曲线在Dubins曲线基础上有更强的适用性,它允许自动驾驶车辆在行驶过程中执行倒车操作。

HUX等人使用三次样条曲线进行路径规划。他们的方法都构成了从车道地图获得的一组航路点的中心线,生成一系列三次样条的参数,其使用弧长和偏移到中心线来表示可能的路径候选,避免了静态和移动障碍。然后,所有这些候选都被转换为笛卡儿坐标。考虑到静态安全性、舒适性和动态安全性的总成本,该方法选择最佳路径的同时还确定了最佳路径的适当加速度和速度,包括单车道道路和具有静止与移动障碍物的多车道道路。

B样条曲线由一组称作控制点的向量来确定,这些控制点按顺序连接形成一个控制多边形,B样条曲线就是逼近这个控制多边形。B样条曲线具有曲率连续的优点,在相邻曲线段的节点处曲率也是连续的,且具有局部支撑性等特点,如果轨迹局部的约束条件不满足,可以通过调整相应控制点的方法来对轨迹进行修正,而不影响其他的轨迹段,具有应用性强的特点。

4.5 自动驾驶的行为决策方法

如图4-8所示,自动驾驶的车辆在行驶过程中,当遇到前车减速,这时车辆是减速保持跟车,还是加速换道呢?这就是自动驾驶的行为决策问题。

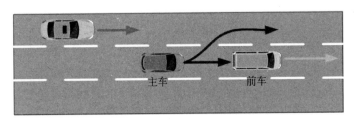

图4-8 自动驾驶的行为决策

这一过程面临的主要问题包括:

首先,真实的驾驶场景千变万化,如何覆盖?

其次,真实的驾驶场景是一个多智能体决策环境,包括车在内的每个参与者所做出的行为,都会对环境中的其他参与者带来影响,因此需要对环境中其他参与者的行为进行预测,如何尽可能准确地预测其他参与者的行为或行驶轨迹?

最后,自动驾驶的车辆对于环境信息不可能做到100%的感知,例如存在许多被障碍物遮挡的可能危险情形,这时车辆应该如何决策?

无人驾驶中最重要、最具挑战的模块就是行为决策。行为决策是指车辆行驶的过程中所采取的驾驶方式,行为决策包括行驶、跟车、转弯、换道和停车等。在一般的无人驾驶规划和控制模块中,行为决策模块扮演了"副驾驶人"的角色,这是大部分原始数据被消耗和处理的模块。被送到决策模块的原始数据包括但不限于位置、速度、加速度、航向等在内的车辆自身信息,还包括当前车道信息以及在特定半径内的任何感知到的物体信息。行为决策模块的任务是利用所有输入的原始数据计算得出行为层面的决策。这些输入的原始数据包括:路径规划模块的输出、无人驾驶车辆自身的属性、无人驾驶车辆历史信息、周围的障碍物信息、交通和地图信息、当地的交通规则等。

驾驶行为决策后,其结果将交给运动规划模块,运动规划模块与行为决策功能模块紧密协调配合,进行纵向的轨迹规划和横向的速度规划。行为决策模块的目标是权衡每份信息,做出有效和安全的决策。决策模块是所有原始数据被综合考虑的地方,由于这些原始数据的类型各不相同,同时每个地方有不同的交通规则,用公式描述行为决策问题并使用统一的数学模型进行求解是十分困难的。而采用先进的软件工程思想,设计一个基于交通规则的系统来解决这个问题是比较合适的。事实上,基于先进规则的行为决策系统已经被用于许多成功的无人驾驶系统。

随着人工智能在自动驾驶应用中的研究,基于强化学习的行为决策在无人驾驶车辆行为建模中越来越受欢迎,并且已经应用于最近的研究工作中。强化学习的研究都是建立在马尔科夫决策过程(MDP)基础上的,在用强化学习来处置优化类任务时,马尔科夫决策过程是一个非常有效的数学模块。由于现实世界里的许多优化决策问题,比如经济管理、生产规划、交通运输和动态系统控制等都具有有序惯性决策的特点,所以在适当的假设条件下,能够用MDP来研究。马尔科夫决策过程和部分可观测马尔科夫决策过程在无人驾驶行为建模中被广泛应用。

自动驾驶的行为决策有两种方式:一种是基于规则的行为决策方法;另一种是基于强化学习的行为决策方法。基于规则的行为决策方法主要按场景划分,其核心思想是利用分治原则,将车辆周边环境划分成几个独立的场景。在单个场景中,根据本车道的车辆数据、道路基础设施和道路目标物数据,以及交通运行数据和用户出行要求等信息,运用对应的规则对汽车的驾驶行为及其参数进行决策。再将划分的单个场景的驾驶行为决策进行综合,得出最后综合的行为决策。

4.5.1 基于规则的行为决策方法

实际中最常用的是基于规则的行为决策方法,例如基于状态机的系统,基于对交通场景的评价,产生相应的行为决策规则。基于规则的行为决策方法是以分而治之的思想为基础的,将周围的环境分解成有层次的场景并单独解决。基于规则的行为决策方法典型应用是在DARPA挑战赛中,斯坦福大学的无人驾驶系统Junior利用具有代价函数的有限状态机(Finite State Machine,FSM)确切地计算无人驾驶车辆的轨迹和行为。同样地,卡内基梅隆大学的无人驾驶系统 Boss 计算车道之间的空间,并利用这些信息与预设的规则、阈值一起触发车道切换行为。如图 4-9 所示为城市挑战赛冠军团队所采用的 Boss 行为决策体系。其他参赛的无人驾驶系统如 Virginia Tech 和 Odin 等也运用了基于规则的行为决策方法来确定无人驾驶车辆的行为。在实际的工业系统中,基于规则的行为决策系统仍然起着关键作用。

基于规则的行为决策方法易于搭建和调整、实时性好、应用简单,但是同时也难以适应所有情况,需要进行针对性调整。

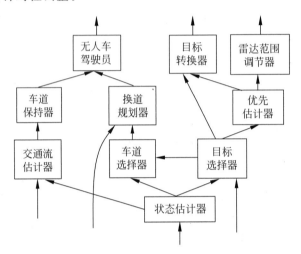

图 4-9　城市挑战赛冠军团队所采用的 Boss 行为决策体系

有限状态机包含大量动作短语,从一个简单的起始状态出发,根据不同的驾驶场景跳转到不同的动作状态,同时将要执行的动作传递给下层的动作规划层。有限状态机模型中的车辆根据当前环境选择合适的驾驶行为,如跟车、停车、换道、超车、避让、缓慢行驶等模式,状态机模型通过构建有限的有向连通图来描述不同的驾驶状态以及状态之间的转移关系,从而根据驾驶状态的迁移反应生成驾驶动作。有限状态机模型因为简单、易行,是无人驾驶领域目前应用广泛的行为决策模型,但该类模型忽略了环境的动态性和不确定性,此外,当驾驶场景特征较多时,状态的划分和管理比较烦琐,多适用于简单场景下,很难胜任具有丰富结构化特征的城区道路环境下的行为决策任务。

4.5.2　基于强化学习的行为决策方法

强化学习(Reinforcement Learning)又称为再厉学习、评价学习或增强学习,是机器学习的范式和方法论之一,用于描述和解决智能体在与环境的交互过程中,通过学习策略迭代,经验回放,损失函数的设计,以达成回报最大化或实现特定目标的问题。此过程如图 4-10 所示,智能体在进行探索任务时,与环境进行交互,产生新的状态 S,同时,环境给出观测回报 R,在学习过程中获得状态转移概率 P,去影响智能体下一步探索环境的动作 A。经过数轮迭代后,智能体就能学习到完成任务所需要的动作策略。

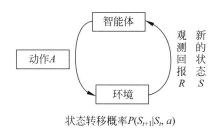

图 4-10 强化学习基本过程示意图

人类决策的过程是通过感官对外部环境进行感知，获取所处状态，人脑处理分析状态并选择合适的行为。类似于人类决策过程，首先通过无人车配备的各类传感器感知环境信息，传递给强化学习决策系统，强化学习决策系统的作用相当于人脑分析处理各类信息，并根据经验奖励信息作出行为决策。基于统计的决策方法能够减小环境的不确定因素带来的影响，当然这是以需要采集大量数据进行预处理为代价的，计算量大、实时性差。

强化学习是符合马尔科夫决策过程的一种机器学习方法，要了解强化学习，先要弄清楚马尔科夫决策过程。马尔科夫决策过程是一个具有马尔科夫特性的状态转移过程。马尔科夫特性指的是在给定当前知识或信息的情况下，过去的历史状态对于预测的未来状态是无关的。

1) 马尔科夫决策过程

马尔科夫决策模型提供了一个最底层的数学架构，用于面对部分条件随机情况，或者部分条件可由决策者控制的情况下进行决策。马尔科夫决策模型是强化学习中相当有用的工具。马尔科夫决策过程是指决策者周期性地或连续性地去观察具有马尔科夫性的随机动态系统，依据时间先后做出决策，即根据每个时刻观察到的状态，从可用的行动集合中选用一个行动做出决策，系统在将来时间的状态是随机的，并且系统状态转移的概率具有马尔科夫性。决策者根据新观察到的状态，再做新的决策，以此反复地进行。

这里用智能体和环境交互的例子说明马尔科夫决策过程。马尔科夫决策过程增加了对动作的选择，基本流程如图 4-11 所示。

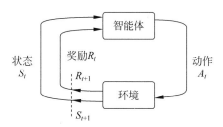

图 4-11 马尔科夫决策的基本流程

在 t 时刻，智能体从环境中感知当前时刻的状态 S_t，并根据该状态和环境对上一时刻动作的反馈（奖励）R_t，选择动作 A_t 去执行，动作作用于环境，使状态由 S_t 转移到了 S_{t+1}，此时智能体又会获取新的反馈,并执行新的动作,以此循环下去,直到任务结束。

策略是从状态到动作选择概率的映射,定义为在某一状态 s 时,智能体选取动作 a 的概率。智能体的目标是通过合适的策略选择一系列动作,从而获得最多的累积奖励。奖励是环境给智能体的标量反馈信号,用来表征智能体所选动作的优劣。回报则是对累积奖励的一种度量。回报 G_t 定义为从 t 时刻开始,往后所有带有衰减的奖励的总和。

强化学习是基于马尔科夫过程的,越来越多的公司和研究者把强化学习应用到无人车的行为决策中,并取得了不错的效果。

2) 强化学习

强化学习的灵感来源于生物学中的动物行为训练,训练员通过奖励与惩罚的方式让动物学会一种行为与状态之间的某种联系规则。强化学习的最终目标是为了获取一个马尔科夫过程的最理想策略 $\pi*$,使设计出来的系统在任意初始状态时,都能使状态值函数获得最大值。任何处理强化学习类问题的算法,都被称作强化学习算法。经过全球众多学者的努力,时至如今,已经研究、开发出了不少优秀的算法。这些优秀的算法包括最初的蒙特卡洛算法、时间差分算法、Q 学习算法(Q-learning)等,以及深度 Q 网络(DQN)算法、直接策略搜索算法、PI2(The policy Improvement with Path Integrals)算法等。

著名的机器学习方案供应商 Mobileye 公司就是其中的典型代表,据最新论文,其所设计的车辆模型已经能自如地应对一些复杂的交通任务,例如双向通道变线、复杂十字路口等。Mobileye 将行为决策分解成两个部分:可学习部分和不可学习部分。可学习部分是由强化学习来决策行驶需要的高级策略;不可学习部分则是按照这些策略利用动态规划来实施具体的路径规划。具体来说,可学习部分是将无人车所处的环境映射成一系列抽象策略的过程。Mobileye 人为设计了一张策略选项图(Option Graph),主要包含了无人车的加减速、转向以及对周围车辆的反应。其用策略网络(Policy Network)来选择合适的应对选项。所谓策略网络是指在给定车辆环境,评估每种应对的可能影响,从而选择最合适的策略。

在具体算法上,对于选项图中的每个节点,Mobileye 都用单独的深度神经网络(DNN)来表示该节点的策略网络,网络结构的区别在于每个节点的输入与输出的不同所带来的变化。而策略网络则是采用增强学习的方法来训练,即用一个"回报"(安全完成任务是 1,出现意外是 −1)来评估每个策略的最终影响,从而通过梯度下降来让策略网络的评估逼近这一"回报"。而不可学习部分则是将学习到的抽象策略转换成对车辆的实际控制动作。该部分主要对车辆动作进行具体规划,检查抽象策略是否可执行,或者执行满足策略的动作,这样能充分保证系统的安全性。

3) 深度强化学习

近几年来,Google 公司的 DeepMind 实验室将深度学习和增强学习结合起来,使得增强学习的研究跨进了另一个崭新的时代。这就是深度增强学习。深度增强学习算法,很好地将深度学习模拟人类大脑信息处理过程与环境交互结合在一起,在任务控制训练、执行的过程中,更加贴近于人类的方式,增强学习的发展由此开始了一个快速发展的时期。

图 4-12 是深度强化学习的一般模型。

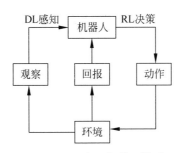

图 4-12 深度强化学习模型

美国 Google 公司的 DeepMind 实验室发表的 DQN 算法,该算法是深度增强学习最早被开发出来的一个算法,是 Q 学习的深度学习模式。DQN 算法就是深度增强学习中,运用最为广泛的一种算法,它将卷积神经网络(CNN)和 Q 学习算法联结起来。在该算法中,CNN 把状态的值当作原始的图像数据输入网络,其输出就是每个行为对应的 Q 值的一个评估。在普通的 Q 学习算法中,当其动作和状态都是离散的,且其维数不高时,可以使用 Q 表作为学习的"大脑",这个"大脑"存储每个状态-动作对的值,并且不断更新。而当状态和行为在实验中是连续的,且是高维时,就会导致"维数灾难",用 Q 表更新值的办法误差太大,而且操作不现实,这时 DQN 算法能够完美处理此类问题。

4.5.3 基于强化学习的行为决策在无人驾驶中的优势

传统的基于规则的行为决策系统,往往只能采取非常保守的驾驶策略,需要人为设计精妙的规则来应对各种复杂情况。一旦设计的规则有所疏忽,后果将不堪设想。此外,传统的方法假设无人车为驾驶环境中的唯一智能体,其他车辆、行人均是障碍物,忽视了车辆之间、车辆与行人之间的互动性。而强化学习则从人类的驾驶样本(包含了成功样本和失败样本)中学习相应的策略决策,并能将决策泛化到类似的驾驶情景中。同时,强化学习将无人驾驶拓展成多智能体决策的问题,考虑了车辆之间的交互。孙嘉浩研究了强化学习算法中的 DQN 算法,最后,利用 TORCS 赛车仿真平台进行算法验证。实验数据结果表明,DQN 算法训练速度较快,可以完成无人驾驶的仿真训练。

在无人驾驶中,深度强化学习不仅能够从零自主学习且具有强大的泛化性能,而且能够通过端到端的方式实现从原始输入到输出的直接控制,非常适合无人驾驶中从感知到决策控制的场景。因此将深度强化学习技术应用于无人驾驶决策控制,根据场景为车辆行驶提供智能决策,有着十分重要的研究意义。但是深度强化学习的模型难以解释,决策都是由神经网络完成,即无人车的操控(车速、转向等)完全由一个黑箱模型输出,无法解释其推理过程,一旦系统发生故障也难以进行针对性的改进。而人为构建选项图之后,每个决策细分成对应动作,再由神经网络控制,决策的整个推理过程的可解释性大大增强。

目前,无人驾驶中的增强学习算法主要依赖于模拟器进行训练和验证,其结果能否在真实环境中得到复现,还需要感知模块的正确输出。在有限的计算资源下,如何高效地识别和定位车辆、行人、交通线路等环境因素?如何在漏检误报的情况下依然保证车辆的稳定与安全?同时,Alpha Zero 战胜 Alphago 的工作也进一步启发人们:是否人类的驾驶操作就一定是最佳的?无人驾驶中的增强学习算法能否也从零开始,"无"中生"有"?这些问题仍然需要广大的科研工作者和工程师共同努力解决。

4.6 自动驾驶的运动规划

行为决策的下层模块是运动规划模块。运动规划的任务是生成一条轨迹,并将其发送到对车辆进行实际控制的反馈控制模块。运动规划可理解为局部路径规划和速度规划,也可理解为常说的运动轨迹规划。

由于全局路径规划所生成的路径只能是从起始点到目标点的粗略路径,并没有考虑路径的方向、宽度、曲率、道路交叉以及障碍等细节信息,加之车辆在行驶过程中受局部环境和自身状态的不确定性的影响,会遇到各种不可测的情况。因此,在智能汽车的行驶过程中,必须以局部环境信息和自身状态信息为基础,规划出一段无碰撞的理想局部路径,这就是局部路径规划。局部路径规划是在全局路径规划的引导下,根据实时获取的环境信息以及定位信息,规划出可以安全避障并能跟踪全局路径的局部期望路径。

因此,局部路径规划根据车辆当前区域内道路、交通、其他车辆等环境信息,决策出当前满足交通法规、结构化道路约束的最优行驶行为,动态规划出行驶行为序列组为局部路径。局部路径规划的传感信息主要来自车载传感器如雷达、相机等,用以识别道路障碍、车道线、道路标识信息和交通信号灯信息等。

在路径规划时一般需要考虑路程(时间)最短、无碰撞和车辆运动轨迹的可执行性。如图 4-13 所示,局部路径规划的输入是全局路径规划的输出,局部路径规划输出的是一条满足车辆运动学约束、几何学约束的曲率连续的局部期望路径。速度规划模块在局部期望路径基础上系统地考虑驾驶安全性、乘坐舒适性等约束,规划出车辆行驶的速度曲线。规划模块在整个无人驾驶系统中是承上启下的模块,上承了环境感知,下接运动控制,它是无人驾驶的中枢模块。

图 4-13 规划关系

4.6.1 局部路径规划方法

智能汽车进行局部路径规划(也可称为实时路径规划),一般是指在有障碍物的环境中,利用自身传感器感知周边环境,寻找一条从当前点到目标点的局部行驶路径,使智能汽车在本次任务中能安全快速地到达目标位置。局部路径规划的方法主要包括以下两个关键部分:建立环境模型,即将智能汽车所处现实世界抽象后,建立计算机可认知的环境模型;搜索无碰撞路径,即在某个模型的空间中,在多种约束条件下,选择合乎条件的路径搜索算法。

根据不同行驶环境的特点,智能汽车局部路径规划中的侧重点和难点都会有不同:

(1) 在高速公路中,行车环境比较简单但车速较快,此时对智能汽车控制精度要求很高,算法难点主要在于环境信息获取的位置精度和路径搜索的速度。

(2) 在城市半结构化道路中,道路环境特征性比较明显但交通环境比较复杂,周边障碍物较多,这就对智能汽车识别道路特征和障碍物的可靠性有较高要求,路径规划的难点主要在于车辆周边环境建模和避障行驶的路径搜索,特别是对动态障碍物方向和速度预测。

(3) 在越野环境的非结构化道路中,智能汽车所处的环境没有明显的道路边界,路面起伏不平,可能会有大坑或土堆,这就对智能汽车识别周围环境,特别是地形、地势有较高要求,路径规划的难点主要在于车辆可通行区域的识别。

智能汽车局部路径规划方法主要有以下两种。

(1) 基于滚动时域优化的轨迹规划方法。

基于滚动时域优化的路径规划算法依靠智能汽车通过传感器实时探测到的局部环境信息,以滚动优化的方式进行在线规划。在滚动的每一步,智能汽车根据探测到的局部信息,采用启发式的方法生成优化子目标,在当前时域内进行局部路径规划,然后实施当前策略(依局部路径规划移动一步),随着时域的推进,不断取得新的环境信息,从而在滚动中实现优化与反馈的结合。该方法还可以利用预测控制的基本原理,同时收集利用实时的局部环境信息,以滚动优化方式进行在线轨迹规划。该方法能够确保机器人在未知环境中安全地避开障碍物行驶,具有反应速度快的优点,能够迅速适应变化的环境,是一种有效实用的工具,但计算量相对较大。

(2) 基于轨迹片段的运动规划方法。

轨迹片段包含配平轨迹和机动轨迹。其中配平轨迹是系统处于相对平衡时所经历的轨迹,而机动轨迹则是系统从一个相对平衡跃入另外一个相对平衡所经历的轨迹。可以通过考虑车辆的运动学和动力学约束条件,基于最优控制原理的机动轨迹设计方法和随机采样法,实现基于轨迹片段连接的最优运动轨迹规划和快速运动规划。但是该方法计算较为复杂,使其在实际应用中受到限制。

4.6.2 动态窗口局部运动规划算法(DWA)

动态窗口局部运动规划算法(DWA)具有很好的稳定性和避障效果等优势。DWA 动态窗口避障思想自 1997 年提出之后很快被应用到无人车导航避障等领域。此算法首先设定一个模拟周期,在此周期内充分考虑自动驾驶汽车的初始速度、车体的运动模型、自身硬件的性能等因素,模拟车体在当前环境下的速度采样空间,对所有速度轨迹利用评价函数进行评价,从动态速度窗口中选择评价最高的速度,从而规划车体下一时刻的运动。

DWA算法步骤如下：

（1）初始化算法运行所需要的参数，包括目标点与初始点位置，车体运动学模型参数等；

（2）根据当前车体的状态与运动模型参数，计算速度空间；再根据车体自身最大与最小速度、电机性能、安全距离等因素的限制，确定下一时刻所有可允许速度搜索空间；

（3）依据评价函数对速度空间的值进行评价，选取一组最优速度；

（4）将选出的最优速度作为下一时刻车体的运动状态参数；

（5）判断车体是否到达目的地，若到达，则算法运行结束；如未到达，则继续执行步骤（2）～步骤（4）。

DWA算法是一种对局部环境进行规划的算法，在运行过程中考虑当前最优速度，在实际运用中要与全局路径规划结合。全局路径规划所生成的路径只是从初始点到目标点的粗略路径，未考虑到路径的宽度、曲率、车体自身大小及未知障碍物等细节信息，加之车体在行驶过程中，容易受到实时环境和自身状态不确定性的影响，因此全局路径规划的实时性效果不佳。局部路径规划一般是基于由通过各种传感器建立的实时局部地图环境进行最优线路选择。因此，在路径规划中，先规划出一条全局最优路径，再以局部环境信息和车体自身状态信息为基础，规划出一定范围内无碰撞的局部路径，两部分线路相结合，极大改善某一部分在路径规划中的缺陷，帮助规划出的路径更加完美。

本章小结

决策与规划层上承感知层，下启控制与执行层，本章介绍了自动驾驶决策与规划层的相关内容，介绍了决策与规划体系结构、决策与规划系统的关键环节、自动驾驶的路径规划技术、自动驾驶的行为决策方法等。路径规划算法有多种，应根据自动驾驶真实场景，选择优化适合的路径规划算法。强化学习在自动驾驶中的应用具有很大的前景，有待更深入的研究。本章为下一章的学习做了铺垫。

第 5 章 自动驾驶控制系统

CHAPTER 5

5.1 控制系统概述

本章主要介绍了无人车控制系统的组成和技术(包括自动驾驶的纵向控制和横向控制技术),并对基于人工智能的控制方法进行了介绍,对传统控制算法和先进的智能控制算法进行了比较。最后分析研究了人机交互系统的关键技术和发展现状。

5.2 无人车控制架构设计

无人车是通过车载传感系统感知道路环境,自动规划行车路线并控制车辆到达预定目标的智能车。智能车利用车载传感器来感知车辆周围环境,并根据感知所获得的道路、车辆位置和障碍物信息,控制车辆的转向和速度,从而使车辆能够安全、可靠地在道路上行驶。智能车集自动控制、体系结构、人工智能、视觉计算等众多技术于一体,是计算机科学、模式识别和智能控制技术高度发展的产物,也是衡量一个国家科研实力和工业水平的一个重要标志,在国防和国民经济领域具有广阔的应用前景。

智能驾驶系统基于环境感知技术对车辆周围环境进行感知,并根据感知所获得的信息,通过车载中心计算机自主地控制车辆的转向和速度,使车辆能够安全、可靠行驶,并到达预定目的地。无人驾驶是汽车智能化的终极目标,是信息通信等先进技术在汽车上的深度应用,体现了更便捷、更简单的人车交互方式,是对人们更大程度的"解放"。它将在减少交通事故、提高运输效率、完成特殊作业、国防军事应用等领域发挥至关重要的作用。

智能驾驶的关键技术是环境感知技术和车辆控制技术,环境感知作为第一环节,处于智能驾驶车辆与外界环境信息交互的关键位置,其关键在于使智能驾驶车辆更好地模拟人类驾驶员的感知能力,从而理解自身和周边的驾驶态势。车辆控制技术是无人车行驶的核心,包括轨迹规划和控制执行两个环节,这两项技术相辅相成共同构成智能驾驶汽车的关键技术。智能驾驶的整个流程归结起来有三个部分:①通过雷达、相机、车载网联系统等对外界的环境进行感知识别；②在传感感知融合信息的基础上，通过智能算法学习外界场景信息，规划车辆运行轨迹，实现车辆拟人化控制融入交通流中；③跟踪决策规划的轨迹目标，控制车辆的油门、刹车和转向等驾驶动作，调节车辆行驶速度、位置和方向等状态，以保证汽车的安全性、操纵性和稳定性。如果能够默契地进行，那么整个智能驾驶流程就算完成了。综上所述，研究自动驾驶的控制技术具有十分重要的意义。

智能驾驶的系统将驾驶认知形式化，利用驾驶认知的图表达语言，设计通用的智能驾驶软件结构。在这一架构中，智能决策模块并不直接与传感器信息发生耦合，而是基于多传感器的感知信息、驾驶地图和车联网通信等先验信息综合形成的驾驶态势完成自主决策，智能驾驶试验平台软件架构如图5-1所示。

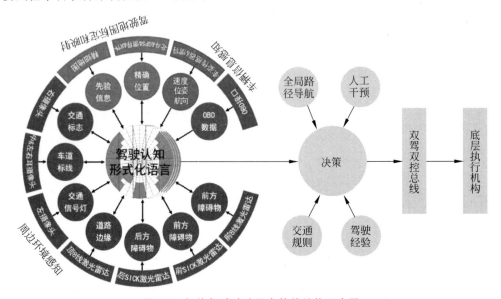

图 5-1　智能驾驶试验平台软件结构示意图

平台软件运行模块包括：多传感器信息处理模块，由驾驶认知的图表达语言统一输出构成驾驶态势实时信息；驾驶地图信息模块，根据车辆实时位置及朝向，映射到驾驶态势中，与驾驶态势实时信息融合，形成全面反映当前驾驶态势的公共数据池；车联网通信信息模块，利于V2X系统，使车与车、车与基站之间能够通信互联，获得周边交通流实时路况、路口标识、交通灯标示信息以及来自外部云服务器的超视距路况信息；决策控制模块，以行驶环境信息数据池为基础，综合考虑交通规则、驾驶经验、全局路径等先验知识，完成决策。此外，融合了实时信息与先验知识的行驶环境信息数据池，也能够帮助传感器信息处理模块确定感兴趣区域，帮助驾驶地图信息模块及时更新先验信息，提升智能驾驶的性能。

此外，智能汽车的软件结构将决策控制与传感器的感知信息解耦，增加或减少一路或几路传感器，改变传感器型号或安装位置，不再对决策控制直接造成影响。整个软件结构只需做很少的改动，甚至完全不需要调整，就可以在不同试验平台上方便地进行移植。

5.3 自动驾驶控制核心技术

自动驾驶控制技术是在环境感知技术的基础上,根据决策规划出目标轨迹,通过纵向和横向控制系统的配合使车辆能够按照跟踪目标轨迹准确稳定地行驶,同时使车辆在行驶过程中能够实现车速调节、车距保持、换道、超车等基本操作。

自动驾驶控制技术的核心是车辆的纵向控制和横向控制技术。纵向控制即车辆的驱动与制动控制;横向控制即方向盘角度的调整以及轮胎力的控制。实现了纵向和横向自动控制,就可以按给定目标和约束自动控制车辆的运行。所以,从车本身来说,自动驾驶就是综合纵向和横向控制。但要真正实现点到点的自动驾驶运行,车辆控制系统必须获取道路和周边交通情况的详细动态信息和具有高度智能的控制性能。完善的交通信息系统和高性能、高可靠性的车上传感器及智能控制系统是实现自动驾驶的重要前提。由于点到点自动驾驶的难度,人们提出首先实现自动驾驶路段的概念,即在路况简明的高速公路段开辟可自动驾驶路段,进入这种路段可以启动自动驾驶,出这个路段时再转成人工驾驶。由于道路条件和车上控制系统性能的限制,目前考虑的自动驾驶结构几乎都是手动和自动可转换的。

自动驾驶控制技术需要在智能驾驶车辆上配置各种对应的系统才能实现其复杂的功能,目前这些系统包括车道保持系统(Lane Keeping System,LKA)、自适应巡航控制系统(Adaptive Cruise Control,ACC)、自动泊车系统(Automatic Parking,AP)、紧急制动(Autonomous Emergency Braking,AEB)等。

车道保持系统:使无人车遵循道路标志和声音警告并在车辆开始偏移车道时调整方向,保证无人车沿着目标车道线行驶。

自适应巡航控制系统:使无人车和前面的车辆始终保持一个安全的距离,确保无人车的安全性。

自动泊车系统:使无人车能够顺利地实现在停车位的倒入和离开。

紧急制动系统:使无人车在遇到紧急情况时能够充分有效制动,同时使无人车处于人们的监视和控制范围之内。

5.3.1 车辆纵向控制

车辆纵向控制是在行车速度方向上的控制,即车速以及本车与前后车或障碍物距离的自动控制。巡航控制和紧急制动控制都是典型的自动驾驶纵向控制案例。这类控制问题可归结为对电机驱动、发动机、传动和制动系统的控制。各种电机-发动机-传动模型、汽车运行模型和刹车过程模型与不同的控制器算法结合,构成了各种各样的纵向控制模式,其典型结构如图 5-2 所示。

此外,针对轮胎作用力的滑移率控制是纵向稳定控制中的关键部分。滑移率控制系统通过控制车轮滑移率调节车辆的纵向动力学特性来防止车辆发生过度驱动滑移或者制动抱死,从而提高车辆的稳定性和操纵性能。制动防抱死系统(Antilock Brake System,ABS)是在汽车制动时,自动控制制动器制动力的大小,使车轮不被抱死,处于边滚边滑(滑移率在20%左右)的状态,以保证地面能够给车轮提供最大的制动作用力值。一些智能滑移率控制策略利用充足的环境感知信息设计了随道路环境变化的车轮最优滑移率调节器,从而提升轮胎力的作用效果。

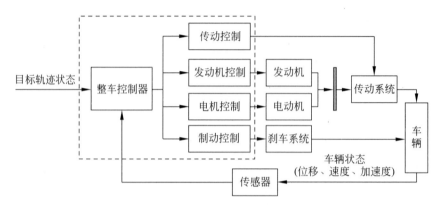

图 5-2 纵向控制基本结构

智能控制策略,如模糊控制、神经网络控制、滚动时域优化控制等,在纵向控制中也得到广泛研究和应用,并取得了较好的效果,被认为是最有效的方法。而传统控制的方法,如比例-积分-微分(Proportion Integration Differentiation,PID)控制和前馈开环控制,一般是建立发动机和汽车运动过程的近似线性模型,在此基础上设计控制器。这种方法实现的控制,对模型依赖性大及模型误差较大,所以精度差、适应性差。从目前的论文和研究的项目来看,寻求简单而准确的电机-发动机-传动、刹车过程和汽车运动模型,以及对随机扰动有鲁棒性和对汽车本身性能变化有适应性的控制器仍是研究的主要内容。目前应用的系统,如巡航控制、防碰撞控制,都是自主系统,即由车载传感器获取控制所需信息,而往往缺乏对V2X 车联网信息的利用。在智能交通环境下,单车可以通过 V2X 通信信息系统获得更多周边交通流信息以用于控制。在纵向控制方面,可利用本车及周边车辆位置、当前及前方道路情况、前车操纵状态等信息实现预测控制,达到提高速度、减小车间距的同时保证安全,即达到安全、高效和节能的目的。

5.3.2 车辆横向控制

车辆横向控制是指垂直于运动方向上的控制,对于汽车也就是转向控制。目标是控制汽车自动保持期望的行车路线,并在不同的车速、载荷、风阻、路况下有很好的乘坐舒适性和稳定性。

车辆横向控制主要有两种基本设计方法:一种是基于驾驶员模拟的方法;另一种是基

于运动力学模型的控制方法。基于驾驶员模拟的方法有两种策略,一种策略是使用较简单的运动力学模型和驾驶员操纵规则设计控制器;另一种策略是用驾驶员操纵过程的数据训练控制器获取控制算法。基于运动力学模型的方法要建立较精确的汽车横向运动模型。典型模型是所谓单轨模型,或称为自行车模型,也就是认为汽车左右两侧特性相同。横向控制系统基本结构如图5-3所示。控制目标一般是车中心与路中心线间的偏移量,同时受舒适性等指标约束。

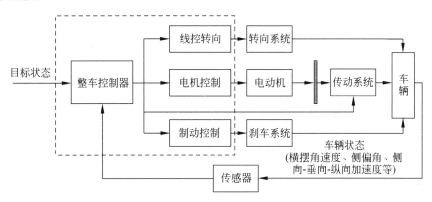

图 5-3 横向控制系统基本结构

针对低附着路面的极限工况中车辆横摆稳定控制是车辆横向控制中的关键部分。传统操纵稳定性控制思路,如电子稳定性控制系统和前轮主动转向系统等,控制分布的轮胎作用力和前轮转向,通过利用轮胎附着力和降低轮胎利用率来提高车辆稳定性。大多数文献沿袭冗余驱动的控制分配框架,通过改变内外侧轮胎驱/制动力差异的方法,增加单侧驱/制动转矩,并相应减小另一侧驱/制动转矩的方式为整车产生一个附加的横摆转矩来改善车辆转向动态特性,以保证车辆的横摆稳定性和行驶安全性。电子控制技术和电气化的发展给汽车底盘技术的突破带来了革命性的契机,也使得汽车的整体集成控制成为可能。同时在智能网联的交通环境下,单车可以通过自身环境传感、定位导航和V2X通信信息系统获得更多周边交通流信息用于横向控制,以利于提前感知道路危险,提高智能驾驶的安全性,如图5-4所示。

图 5-4 感知道路危险

5.4 自动驾驶控制方法

5.4.1 传统控制方法

传统的汽车控制方法主要有:PID 控制、模糊控制、最优控制、滑模控制等,这些算法应用都很广泛。

1. PID 控制

PID 控制器(比例-积分-微分控制器),由比例单元 P、积分单元 I 和微分单元 D 组成。通过 K_p、K_i 和 K_d 三个参数进行设定。PID 控制器主要适用于基本上线性,且动态特性不随时间变化的系统。PID 是以它的三种纠正算法命名的。这三种算法都是用加法调整被控的数值,其输入为误差值(设定值减去测量值后的结果)或由误差值衍生的信号。

2. 模糊控制

模糊控制全称为模糊逻辑控制策略(Fuzzy Logic Control Strategy,FLCS),其本质是一种计算机数字控制技术,集成了模糊理论、模糊集合论、模糊语言变量和模糊逻辑推理等。与经典控制理论相比,模糊逻辑控制策略最大的特点是不需要准确的数学公式来建立被控对象的精确数学模型,因此可极大简化系统设计和数学建模的复杂性,提高系统建模和仿真控制的效率。模糊控制系统在建模过程中,利用人类积累的相关知识和生活经验进行推理,模拟人类大脑处理复杂事件的过程,进而产生相应的控制思想,控制思想经过编译成为控制策略。模糊逻辑控制策略由工程人员的控制思路和实践经验积累编译而成,具有较佳的鲁棒性、适应性以及容错性。其主要由定义模糊变量、模糊变量模糊化、定义规则库、推理决策和解模糊化 5 个环节组成。

3. 最优控制

最优控制理论是变分法的推广,着重于研究使控制系统的指标达到最优化的条件和方法。为了解决最优控制问题,必须建立描述受控运动过程的运动方程,给出控制变量的允许取值范围,指定运动过程的初始状态和目标状态,并且规定一个评价运动过程品质优劣的性能指标。通常,性能指标的好坏取决于所选择的控制函数和相应的运动状态。系统的运动状态受到运动方程的约束,而控制函数只能在允许的范围内选取。同时,最优控制的实现离不开最优化技术。最优化技术是研究和解决如何将最优化问题表示为数学模型以及如何根据数学模型尽快求出其最优解这两大问题。

4. 滑动模态控制

在系统控制过程中,控制器根据系统当时状态,以跃变方式有目的地不断变换,迫使系统按预定的"滑动模态"的状态轨迹运动。变结构是通过切换函数实现的,特别要指出的是,通常要求切换面上存在滑动模态区,故变结构控制又常被称为滑动模态控制。

5.4.2 智能控制方法

相对于传统的控制方法,智能控制方法主要体现在对控制对象模型的运用和综合信息学习运用上,主要有基于模型的控制、神经网络控制和深度学习方法等,目前这些算法已逐步在汽车控制中广泛应用。

1. 基于模型的控制

基于模型的控制一般称为模型预测控制(Model Predictive Control, MPC),又称为滚动时域控制(Moving Horizon Control, MHC)和后退时域控制(Receding Horizon Control, RHC),它是一类以模型预测为基础的计算机优化控制方法,近些年来被广泛研究和应用的一种控制策略。其基本原理可概括为:在每个采样时刻,根据获得的当前测量信息,在线求解一个有限时域的开环优化问题,并将得到的控制序列的第一个元素作用于被控对象,在一个采样时刻,重复上述过程,再用新的测量值刷新优化问题并重新求解。在线求解开环优化问题获得开环优化序列是模型预测控制与传统控制方法的主要区别。预测控制算法主要由预测模型、反馈校正、滚动优化、参考轨迹4个部分组成,最好将优化解的第一个元素(或第一部分)作用于系统。

优化问题:

$$\min_{U_k} J(y(k), U_k)$$
$$C_1: u_{\min} \leqslant u(k+i \mid k) \leqslant u_{\max}, \quad i=0,1,\cdots,p-1$$
$$C_2: y_{\min} \leqslant y(k+i \mid k) \leqslant y_{\max}, \quad i=1,2,\cdots,p$$
$$C_3: x(k+1) = f(x(k), u(k)), x(0) = x_0$$
$$C_4: y(k) = h(x(k), u(k))$$

(5-1)

2. 神经网络控制

神经网络控制是研究和利用人脑的某些结构机理以及人的知识和经验对系统的控制。利用神经网络,可以把控制问题看成模式识别问题,被识别的模式映射成"行为"的"变化"信号。神经网络控制最显著的特点是具有学习能力。它是通过不断修正神经元之间的连接权值,并离散存储在连接网络中来实现的。它对非线性系统和难以建模的系统的控制具有良好效果。一般情况下,神经网络用于控制系统有两种方法:一种是用其建模,利用神经网络能够近似任何连续函数和其学习算法的优势,存在前馈神经网络和递归神经网络两种类型;另一种是直接作为控制器使用。

3. 深度学习方法

如前面所述,深度学习源于神经网络的研究,可理解为深层的神经网络。通过它可以获得深层次的特征表示,免除人工选取特征的繁复冗杂和高维数据的维度灾难问题。深度学习在特征提取与模型拟合方面显示了其潜力和优势。对于存在高维数据的控制系统,引入深度学习具有一定的意义,近年来,已有一些研究关注深度学习在控制领域的应用。目前较为公认的深度学习的基本模型包括基于受限玻尔兹曼机（Restricted Boltzmann Machine，RBM）的深度信念网络（Deep Belief Network，DBN）、基于自动编码器的堆叠自动编码器、卷积神经网络（Convolutional Neural Networks，CNN）、递归神经网络（Recurrent Neural Networks，RNN）。无人驾驶系统需要尽量减少人的参与或者没有人的参与，深度学习自动学习状态特征的能力使得深度学习在无人驾驶系统的研究中具有先天的优势。如何充分利用和发挥深度学习在无人驾驶系统中的优势并发展深度学习在复杂环境感知方面的无人驾驶系统控制是目前的研究方向。

5.5 自动驾驶控制技术方案

根据从行驶环境到驾驶动作的映射过程，自动驾驶控制技术可以分为间接控制和直接控制两种不同方案。

5.5.1 基于规划-跟踪的间接控制方案

自动驾驶间接控制是一类基于规划-跟踪的主流智能驾驶车辆控制方案。根据当前车辆行为需求，在满足车辆自身运动学和动力学约束条件下规划出一条空间上可行且时间上可控的无碰撞安全运动轨迹，然后设计适当的控制律跟踪生成的目标轨迹，从而实现自主驾驶，如图5-5所示。

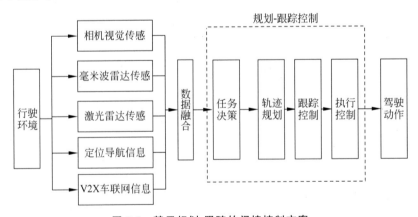

图 5-5　基于规划-跟踪的间接控制方案

早期的轨迹规划方法实际上是机器人研究领域的路径规划方法的某种扩展，20世纪80年代后期被引入智能汽车。这类方法给出的路径由直线和圆弧线两种基本元素构成，由于曲率在线段连接点处不连续，迫使车辆运动到连接点处时需要停下来完成转向动作，导致车辆运动过程的不连续。要消除这种情况，一种方法是采用精确的位置传感器和高频跟踪控制器来实现；另一种是通过修改轨迹规划方法来获得平滑的连续曲率轨迹。显然，后者更具现实意义。

回旋曲线是一种被广泛应用于高速公路设计的线形表达方法,当用于连接直线和圆弧线时,能有效地起到平滑作用。Nelson 认为这类方法的缺点是轨迹表达式以弧长为参数,使用时需要进行积分,容易产生积累误差,并建议用 5 次多项式和极坐标样条以封闭式表达方式给出轨迹表达式。类似地,Bravo 采用了 B 样条。Fraichard 在 Reeds 和 Shepp 的研究基础上,考虑了轨迹曲率和曲率变化率的限制,相当于用运动学特性来约束轨迹曲率,这种方法在低速情况下,例如辅助泊车系统中获得了较好的应用,但在车辆行驶速度较高时将无法适用。

基于规划的自动驾驶车辆的转向控制器的设计发展较为成熟。Tsugawa 等最先报道了采用视觉输入的比例控制方法解决自动驾驶车辆转向控制的问题。Alberto Broggi 在 ARGO 无人车中也采用了类似的经典 P 控制器。近期研究表明,经典 PID 控制法可以应用于某些典型路况,但控制精度难以保证。人工智能法为复杂系统的控制问题提供了一条新的途径,在自动驾驶车辆转向行为控制中已有很多应用的报道。Pomerleau 基于人工神经网络设计了自动驾驶车辆转向控制器。Naranjo 等利用模糊逻辑建立控制模型来模仿人类驾驶员的驾驶行为,研究了转向行为控制和换道行为控制。在该方法中,控制规律和控制器先以驾驶员对驾驶经验的描述初步确定参数,再根据实验结果对参数进行调整至最优性能。Perez 等基于自适应神经网络的模糊推理系统设计了无人驾驶车辆控制器,可以直接从人类驾驶经验样本中离线获得控制器参数的配置。Onieva 等研究了遗传算法对控制器参数的离线自调整方法。Bageshwar 和 Keviczky 基于模型预测控制理论,分别研究了自动驾驶车辆自主巡航控制模型和主动转向控制模型。Zhang 和 Gong 等基于跟踪预估控制和模糊逻辑理论,研究了控制器参数的自调整方法。高振海和管欣分别提出了基于预瞄理论的其次自适应转向控制算法,及驾驶员确定汽车预期轨迹的模糊决策控制模型。

5.5.2 基于人工智能的直接控制方案

自动驾驶的直接控制是一类基于人工智能的智能驾驶车辆自主控制决策方案。实际过程中如果控制对象的特性和环境的状态全部已知,即可以进行精确的数学建模,则基于传统控制策略就可以获得满意的控制性能。实际上汽车行驶环境包括行驶道路、周边交通和气象条件等诸多因素,具有高度的不确定、不可重复、不可预测和不可穷尽等特征,同时车辆本身的非线性、不确定性也很严重,很难建立精确的数学模型进行控制律的设计,因此传统控制策略已无法完全满足智能驾驶控制的要求。自动驾驶直接控制方法采用人工智能等手段,建立了从行驶环境到驾驶动作的直接映射过程,具体来讲是在认知的范畴内试图建立一种先进的驾驶员模型以完成实际复杂驾驶过程,此外控制过程无须建立被控对象的数学模型,具有较强的机动性和实时性。

优秀的汽车驾驶员应具有过硬的汽车驾驶操作能力,不仅能够及时察觉、判断车内外环境的变化,还能够据此选择正确的方位和反应动作,从而有效地防止道路交通事故的发生。具体到简单场景(忽略道路中的其他车辆)的转向问题,优秀的驾驶员应至少具备:

(1) 正确的视觉注意机制。驾驶员的驾驶动作大部分是基于环境对视网膜的刺激,因此优秀的驾驶员在转向过程中视觉区域应趋向于某些习惯的固定区域。

(2) 根据环境对视网膜的刺激而采取的正确安全的操纵动作。某一固定曲率的弯道必然对应合适的方向盘转角和打方向的时刻,而优秀的驾驶员则会通过合适的组合将二者的时序和大小调到理想的效果。

已有的基于人工智能的直接控制方案均需要较多的先验知识,且模型参数难以在线自适应,对环境的适应性差。近年来,利用增强学习来解决以上问题已经成为一大趋势。增强学习的基本原理是基于心理学的"试错法",能够在与环境的交互过程中根据评价性的反馈信号实现序贯决策的优化,从而可以解决某些监督学习难以应用的优化控制问题。但是,如何去除"试错法"中"同等初始条件的假设"一直是尚未得到解决的问题。同时对于复杂大系统的求解,其算法收敛速度直接影响控制器的实时性,因此如何利用有限已知的信息提高学习算法的实时性也是当前的一个研究难点。

基于人工智能决策控制模型本质上是模拟人脑对外界环境信息和车体本身信息的感知,同时由驾驶经验并同在线学习机制来获得持续稳定输出的过程,如图 5-6 所示。因此,如何建立合适的驾驶过程模型成为认知领域的一大难题。驾驶员行为的研究始于 20 世纪 50 年代,通用汽车研发人员希望通过研究驾驶员的行为,开发合理的辅助控制策略提高驾驶舒适性,降低交通事故率。通过对驾驶员驾驶样本数据的统计分析和系统辨识技术,建立基于某种场景的数学模型。

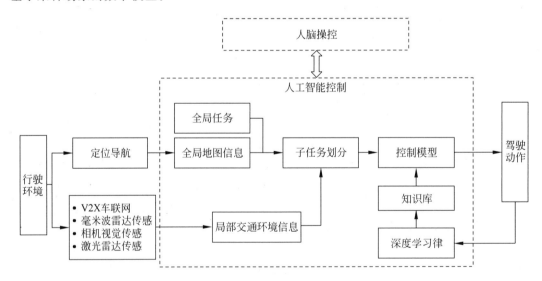

图 5-6 基于人工智能决策控制模型

驾驶行为具有异常复杂的模型,其分类方法也不尽相同,一种分类方法将驾驶员模型分为:跟车模型、转向模型等。跟车模型的研究起步相对较早,研究人员先后提出了线性和非线性动力学模型、线性最优模型、神经网络和模糊逻辑模型等。一般认为驾驶员转向模型研究的里程碑为MACDAM的最优预瞄模型,国内学者郭孔辉对其也进行了相应的跟进研究,其研究思路基本上是基于车辆动力学和闭环操纵稳定性的研究,目的在于替代人类驾驶员从事专业且危险的汽车动力学测试工作,旨在对汽车设计过程进行指导,并没有涉及对无人车的转向控制的直接研究。据笔者的调研,到目前为止从学术界到工程界并没有建立一个公认的、完善的转向控制模型。MACDAM和郭孔辉等提出的最优预瞄理论并没有考虑航向偏差对最优预瞄模型的贡献,且其最优预瞄仅限于高速公路上具有光滑曲率的小曲率转向模型,在交叉路口这样的城市路况下,其理论显然是不成立的。因此研究转向过程中具有普适性的驾驶员生理特性成为建立转向驾驶模型的当务之急。M. F. LAND在文献中提出驾驶员在转向过程中视线总是集中在转向内侧的道路边缘的道路变向的点(TANGENT POINT)。D. D. Salvucci在M. F. LAND基础上提出了一种"两点"转向驾驶员模型,他指出驾驶员在转向过程中注视前方一个远点和近点,利用近点保持汽车在路中间行驶,利用远点补偿前方的道路弯曲,实验结果显示和驾驶员驾驶相近。

尽管生理学、心理学在研究驾驶员转向行为中取得了很多令人欣慰的结果,却极少有人将这些成果应用到自动驾驶车辆技术中。其原因主要是:①前期研究的驾驶员转向计算模型都是基于某些固定的场景,获得的驾驶员模型适应能力较弱,距离工程应用还有一定的距离;②驾驶员模型的研究始于车辆工程领域,多是为了研究汽车闭环操纵稳定性以及汽车动力学优化设计等。

5.6 人机交互系统

5.6.1 人机交互系统的作用和意义

人机交互系统作为自动驾驶的关键组成部分之一,对于智能汽车的发展和应用有着十分重要的作用和意义,其包括:

(1) 进一步提高智能汽车的可靠性和安全性。发展自动驾驶技术的一个主要目的就是提高了交通系统的效率和安全性。绝大多数情况下,智能汽车对于问题的反应和处理速度都要比人快得多,其安全性要比人为控制高很多。但智能汽车毕竟不是人脑,其算法的复杂程度更无法与人的思维相比,在一些比较复杂、特殊的情况,例如在通过一些无路、施工或恶劣道路地域时,人们可以方便快速地对智能汽车进行接管控制。

(2) 拥有更强的实用性和更加出色的用户体验。智能汽车的设计最终是要让其能够为人们所用,更好地为用户服务,最大限度地满足人们的需求,人永远都是控制和享受服务的主体。优秀的用户体验对于智能汽车自然是必不可少的。

(3) 增强智能汽车的灵活性和机动性。优秀的人机交互系统可以使人们随时随地对智能汽车的行为进行干预,使其在处理问题时,能够根据实际情况的不同,按照人们的要求,采取更加合理的实施方案。

(4) 提高智能汽车的任务执行力。人们可以通过交互系统,方便地给智能汽车下达任务命令,进行远程控制,实时监控其任务完成情况,并可以随时对目标进行变更和修正,使智能汽车能够更好地应用于智能交通及国防科技领域。

5.6.2 智能汽车人机交互系统的发展现状

目前世界上比较主流的人车交互系统主要有以下几种。

1. 奥迪 MMI

奥迪 MMI(Multi Media Interface,多媒体交互系统)包含两个部分:终端操作装置和显示区域。终端操作装置位于换挡杆和中央扶手之间;显示区域包括多媒体交互系统显示屏和驾驶员信息系统显示屏。在设计方面,两个部分都具有用户友好性和清晰易读性。

多媒体交互系统的终端操作装置具有最佳的操作便利性和清晰的布局,是一个依照人体工程学设计非常出色的控制装置。与仪表盘中的驾驶员信息系统显示屏一样,多媒体交互系统的显示屏不仅易于读取,而且安装在驾驶员的直接视线范围之内。显示屏和控制区域分别处于驾驶员能够直接读取和便于操作的位置,确保了道路始终在驾驶员的直接视野之内。

在行驶时,驾驶员信息系统显示屏显示车辆的最新数据以及电话和导航系统的状态信息(视设备而定),也可以读取基本的信息娱乐功能(例如选择无线电台或 CD 曲目)。这意味着大部分的重要信息始终处于驾驶员的直接视野之内。仪表盘显示屏与多媒体交互系统显示屏在外形上具有同样的风格,通过多功能方向盘上的菜单滚动键也可对其进行操作。

由于两个装置的操作原理一致,驾驶员从一个装置转向另一个装置时无须转换思维模式。驾驶员可以继续同样的操作逻辑。空调系统也是如此,鉴于温度调节对于驾驶员的重要性,空调系统采用了单独的控制装置,这个控制装置具备与多媒体交互系统相同的对用户友好的操作逻辑。

2. 奔驰 COMMAND

奔驰 COMMAND 包括显示屏、控制器、功能按钮和电话键区,COMMAND 可操作以下功能:音响功能、导航系统、电话和通信功能、DVD 视频和电视以及各种车辆设置。COMMAND 控制器正前方是 4 个功能按钮,可以直接控制光盘播放器/收音机、HOME(回家功能)、多方向可调座椅和电话/导航功能。

COMMAND 的聪明之处在于其可以区分该功能是每日使用的(如电台的选择和交通信息的播放)还仅是单次的设置(如系统的设置和低音的设置),系统会根据功能使用的频率来决定操作的先后顺序。菜单根据项目的相互关联性和使用的频率进行安排,当在菜单上进行选择时,系统会提示需要执行的操作路径。下一次再次选择这个菜单时,系统会直接显示该备选项目,减少操作的步骤。

3. 宝马 iDrive

智能驾驶控制系统 iDrive 是一种全新的、简单、安全和方便的未来驾驶概念,属于自动化和信息化驾驶系统的范畴,某些高级轿车和概念车上配备了这项最新的科技新技术。

第5章 自动驾驶控制系统

iDrive 的使用节约了设置传统控制装置大量空间,使设计人员可以发挥他们的才智,创新地进行车内设计,使之更加符合人体工程学,使操纵更加便捷,同时仪表盘也更加简洁。iDrive 使用起来非常简便,包括 8 个主菜单,分别为车内气候、通信、娱乐、导航、信息、宝马服务支持、功能设置和帮助菜单。以气候调节为例,3 次简单操作就可以调节车内不同位置的温度和气流分布,如可以设定某个座椅的加热从腰部位置开始,而气流是以某种流量按设定的方向吹出。

iDrive 具备记忆功能,驾驶员可以把某种设置进行存储,信息就自动存储在汽车"钥匙"中。宝马 7 系列的车钥匙是一个智能卡片,进入汽车后将之放入插座内,然后简单地按"启动/熄火"键发动/关闭发动机。另外,该电子钥匙还可自动存储汽车所需维修保养服务的信息数据,使客户可以获得更便捷的服务。

但是,宝马公司在新 7 系列上推出 iDrive 系统时,由于操作相对较为复杂引起巨大争议。在后来推出的新 5 系列上,宝马的 iDrive 系统已大大简化,这也使 iDrive 系统的优势充分发挥出来。

4. 丰田 G-BOOK

丰田 G-BOOK 智能副驾系统于 2002 年在日本正式发布,是由无线网络、数据中心以及车载智能通信技术组成,其最基本的功能可以看作是导航系统功能的延伸和扩展。在功能逐渐扩展后,可为车主提供资讯、救援以及话务员直接服务等多种功能。

丰田 G-BOOK 包括 7 项主要功能:话务员服务、G 路径检索、资讯提供、紧急救援、道路救援、防盗追踪、保养通知。丰田 G-BOOK 在功能上主要是辅助设定导航、安全保障和资讯服务。在安全保障方面,提供了事故自动报警和防盗追踪。

5. 苹果 CarPlay

CarPlay 是苹果公司发布的车载系统,即将用户的 iOS 设备与仪表盘系统无缝结合。CarPlay 可以将 iPhone 手机的绝大部分基础功能,通过汽车的控制面板来使用。其中的部分功能包括 Siri 语音助理工具、iTunes 音乐播放、苹果地图以及短信服务。通过 CarPlay,驾驶员可以双手不离开方向盘就接打电话,另外还可以听到语音邮件的内容,如图 5-7 所示。

图 5-7 苹果 CarPlay

支持苹果公司全 CarPlay 的具体车型还很少,只有法拉利 FF、梅赛德斯奔驰 C-Class 以及沃尔沃 XCS90 SUV 三种车型,而且现在 CarPlay 移植于汽车上的技术并不成熟。CarPlay 并非苹果公司迈出的一大步,而更像是一个轻量级的 App,其作用是把 iPhone 映射到车载中控屏幕上,而非真正的车载系统。就如苹果公司自己所说,"It's a smarter, safer way to use your iPhone in the car(这仅是在车内更智能、更安全的使用 iPhone 的一种方式)",所以 CarPlay 只是一种辅助方式。

5.6.3 人机交互系统的核心技术

1. 人机界面技术

人机界面技术的研究主要针对驾驶员和车辆驾驶信息的交互。从 20 世纪 90 年代开始,美国、日本、欧洲等开始立项研究如何利用信息和通信技术来加强车辆的安全性和操纵性。如美国从 20 世纪 60 年代末期就开始研发的电子路径导航系统;日本政府推出了复杂车辆交通控制系统等研究项目;欧洲实施的交通和安全先导计划等。这些项目的研究推动了智能交通技术的发展。各大汽车厂商,如 Honda、Toyota、Nissan、Bosch、BMW 等相继推出了自主的电子导航系统。而开放给用户的导航界面正是最早的人机交互界面。

随着车辆控制功能的持续增多,越来越多的研究开始关注于人机界面的设计,如 Toyota 的集成操纵按钮、BMW 的 i-Drive 系统、Nissan 的人机交互界面等,如图 5-8 所示。一直到 20 世纪 90 年代末期,中控台的主流设计风格依然是屏幕加按钮的形式。

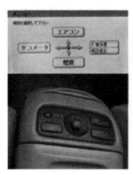  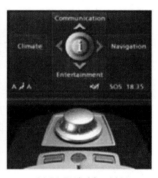

(a) Toyota Ardeo 1998　　(b) Nissan Primera 2001　　(c) BMW i-drive 2001

图 5-8　早期人机交互界面

直到 1990 年,驾驶员在人车系统中和车辆的交互仅是通过方向盘、操纵杆和踏板等装置。但是导航系统的出现,使得驾驶员在操纵汽车的同时还需要分散一部分精力到 HMI(Human Machine Interface,人机界面)上。这势必增加驾驶员的操纵负担,影响正常驾驶行为。因此,针对驾驶员在使用 HMI 中造成的精力分散的问题,人们开展了对 HMI 的改进设计研究,并提出了很多 HMI 的设计准则,如 UMTRI 设计准则和 HARDIE 设计准则,ISO 也提出了车内 HMI 的相关设计准则。由于画面交互系统会分散驾驶员的目光,从而增加驾驶员的驾驶负担,为了解决这一问题,声音交互系统逐渐发展起来。

2. 人机共驾技术

人机共驾技术的研究主要面向先进辅助驾驶系统。进入 21 世纪以后,人们对于车辆安全的研究已经从原先的被动安全转变为主动安全。1970 年,制动防抱死系统第一次市场化应用标志着主动安全系统的开始。随后,电子稳定性控制系统、自适应巡航系统等在 20 世纪 90 年代相继研发出来。除此之外,人们对嵌入在 HMI 界面中的后视系统、车道保持系统、车道偏离预警系统、盲点监测系统、辅助换道系统等也都相继展开了研究。

为了发展辅助驾驶过程中的人机交互系统研究，欧洲、德国、日本等相继启动了相关研究项目。作为先进辅助驾驶系统中的一部分，驾驶员行为特性也得到了广泛的研究，如跟车行为、车道保持行为和制动行为等。

随着具有不同功能的自动数据采集系统（Automatic Data Acquisition System，ADAS）的发展，多个 ADAS 和驾驶员之间的协调问题日益凸现出来。如果车辆上安装有多个 ADAS，那么驾驶员将会收到多个预警信号和其他信息，尤其是在复杂工况下，这会使驾驶员感到困惑并无法对预警信号作出回应。对于辅助驾驶系统，人机交互是其中很重要的一环。随着越来越多的辅助驾驶系统进入产品化的阶段，系统对于车辆的控制权变得越来越大、越来越复杂。如果不能很好地协调好各个辅助驾驶系统，驾驶员就不能正确分析出车辆的运动状态，进而无法做出正确的操纵判断。因此，如何将多个辅助驾驶系统和驾驶员之间进行集成已经成为当前的一个研究热点。ADAS 本身就被定义为辅助驾驶系统，这就不可避免地需要考虑到和驾驶员行为之间的交互关系。如果辅助驾驶系统不考虑驾驶员的操纵行为反而会增加车辆行驶过程中的危险性。

3. 驾驶行为特性研究

驾驶员在真实道路中的驾驶行为研究是人机共驾技术中十分重要的一部分，也是智能辅助系统研究的基础。尽管真实道路试验具有成本高、数据量大、试验采集复杂等缺点，但是各国依然在这一方面做了大量的工作。美国国家高速公路交通安全局投入 100 辆汽车进行了驾驶员行为研究。他们采集了车辆状态信息、道路交通信息和在事故工况下以及濒临事故工况下的驾驶员行为信息。最终研究表明，注意力分散是事故发生的根源。日本新能源和工业技术发展组织利用三年的时间收集了正常工况真实环境下驾驶员行为数据。欧洲 EURO-FOT 和 PROLPGUE 项目收集了数量十分可观的驾驶员信息。其中，EURO-FOT 主要关注于驾驶员信息在 ADAS 中的应用部分。

计算机图形学和计算性能的发展使得道路结构和交通车行为的虚拟建模成为可能，这就使得驾驶模拟器可以模拟更为广泛的道路和交通状况。再加上处理器处理能力的发展和成本的下降，驾驶模拟器再次成为驾驶员行为特性研究的有力工具。和真实道路试验相比，驾驶模拟器具有可重复性好、工况设定更为灵活、耗时少、效率高、风险低等优点。尽管驾驶模拟器现在被广泛地应用于驾驶员特性研究中，但是对于通过驾驶模拟器获得的驾驶员特性数据和真实道路试验获得的驾驶员特性数据相比，其可靠性仍然需要进一步的验证。一个高质量的研究项目仍然需要平衡好驾驶模拟器实验数据和真实道路试验数据之间的关系。

5.6.4　人机交互系统的发展趋势

通过对目前人机交互系统的研究现状的分析，未来有关人机交互和人机共驾可能的发展趋势包括：

（1）在人机交互设计过程中，需要考虑不同人群的需求，这也是未来 HMI 设计标准和准则的制定方向。

（2）车辆中和驾驶员操纵输入密切相关的部分，如方向盘力感、踏板脚杆、座椅舒适度、体感等，依然会是未来的研究方向之一。更适合驾驶员的操纵输入和身体感知将是一个需要持续努力的研究方向。

（3）对于 ADAS，驾驶员在获得辅助驾驶的同时，也会分散注意力增加驾驶负担，这是 ADAS 面临的一个重要问题。如何协调好驾驶员基本操纵行为和辅助驾驶系统之间的关系需进一步研究。

未来车辆以及交通领域不仅仅是驾驶员和车之间关系的研究，这一领域所面临的问题可能会是更为广泛的社会问题，需要更多领域的研究人员参与进来，如城市规划师、社会学家、人类学家等。

目前各国虽然都获得大量的驾驶员行为信息的数据库，但是如何将这些数据应用于工程系统中仍有待研究。

本章小结

本章主要介绍了无人车控制系统的组成和技术（主要的控制技术包括自动驾驶的纵向控制和横向控制技术），并对传统控制方法和先进的智能控制方法进行了比较，最后对人机交互系统的关键技术和发展现状进行了分析研究。

第 6 章 自动驾驶线控系统与动力电池系统

CHAPTER 6

6.1 线控系统概述

自动驾驶线控系统包括智能线控系统、电驱动系统和整车控制系统等部分。动力电池系统主要是由动力电池及相关控制系统构成,为整车的正常运行提供电能源。

智能线控系统如图 6-1 所示,该系统是将操纵意图(或通过环境感知得到的操纵指令)转换为电信号,通过总线传输到执行机构并实现精准控制的一种系统。智能线控系统包括:线控转向系统、线控制动系统、电子驻车制动系统、线控油门系统以及线控换挡系统等。在部分高档车上,还增加了线控悬挂系统。

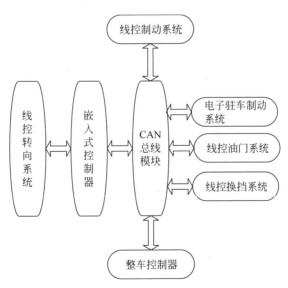

图 6-1 智能线控系统

6.2 线控转向系统

线控转向系统对汽车的操控和安全性能具有重要意义。自 1886 年汽车诞生以来,各项汽车新技术层出不穷,线控转向系统就是其中一项有代表性的技术。线控转向系统从设想到开发成功经历了 50 年左右发展历程。德国奔驰公司在 1990 年开发了线控转向系统,并将该项技术应用到了概念车 F400-Cavring 上,效果非常好。2000 年以后,线控转向系统继续发展。当前线控转向系统已经在日产旗下的英菲尼迪 Q50 中得到实际应用。汽车转向系统的基本性能是保证车辆在任何工况下转动方向盘时有较理想的操纵稳定性。随着现代汽车电子技术的快速发展,对汽车的安全性、舒适性的要求也越来越高。汽车动力转向系统从传统的液压助力转向系统(Hydraulic Power Steering,HPS)发展到现在逐渐推广应用的电动液压动力转向系统(Electro Hydraulic Power Steering,EHPS)、电动助力系统(Electric Power Steering,EPS)和操作性能更优的线控转向系统(Steering By Wire,SBW)。线控转向系统取消了方向盘和转向轮之间的机械连接,减轻了大约 5kg 质量,消除了路面的冲击,具有降低噪声和隔振等一系列特点。

线控转向系统作为新一代转向系统,它采用交流驱动电机和多传感器技术实现自主转向功能,且可以实现转向系统传动比的调节,是智能辅助驾驶和无人车必不可少的组成部分。由于线控转向系统取消了方向盘和转向轮之间的机械连接,因此主要是通过电信号直接控制转向电机来控制汽车转向。

6.2.1 线控转向系统的结构

线控转向系统结构如图 6-2 所示,可分为三个主要部分:第一部分是方向盘总成,包括方向盘、转矩传感器、转向角传感器和转矩反馈电动机;第二部分是电子控制系统,包括电子控制单元和车速传感器,也可以增加横摆角速度传感器、加速度传感器以提高车辆的操纵稳定性;第三部分是转向系统,包括角位移传感器、转向电动机、齿轮齿条转向机构和其他机械转向装置等。

6.2.2 线控转向系统的工作原理

当方向盘转动时,转矩传感器和转向角传感器将测量到的转矩和方向盘的转角转换成电信号,输入电子控制单元(Electronic Control Unit,ECU),ECU 将根据车速传感器和安装在转向传动机构上的角位移传感器信号来控制转矩反馈电动机的旋转方向,并根据转向力模拟,生成反馈转矩,控制转向电动机的旋转方向、转矩大小和旋转的角度,通过机械转向装置控制转向轮的转向位置,使汽车沿着期望的轨迹行驶。

当转动方向盘或由控制器局域网络(Controller Area Network,CAN)总线发送方向盘转动指令时,方向盘的转动将带动转向角传感器的大齿轮转动,大齿轮带动装有磁体的两个小齿轮转动,产生变化的磁场,通过敏感电机检测这种变化产生的转角信号,再由 CAN 总线将数据发送到主控制器,主控制器根据内部的程序,计算出合适的前轮转角并发送到转向执行电机,实现车辆转向。

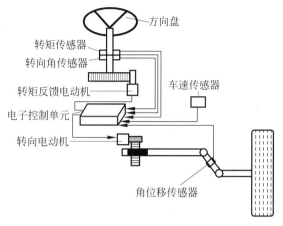

图 6-2 线控转向系统结构图

6.2.3 线控转向系统的优点

线控转向系统除了具有普通转向系统的安全、轻便和控制精确等优点外,还可以通过控制程序实现变传动比控制甚至理想传动比控制,即提高在低速时转向的灵敏性和高速时转向的稳定性,控制汽车的横摆角速度和质心侧偏角,提高转向稳定性。其主要优点包括:

(1) 提高汽车安全性能。智能化的 ECU 会根据汽车的行驶状态判断驾驶员或者自动驾驶的操作是否合理,并做出相应的调整;当汽车处于极限工况时,能够自动对汽车进行稳定控制。

(2) 改善驾驶特性,增强操纵性。基于车速、牵引力控制以及其他相关参数基础上的转向比率(方向盘转角和车轮转角的比值)不断变化。低速行驶时,转向比率低,可以减少转弯或停车时方向盘转动的角度;高速行驶时,转向比率变大,获得更好的直线行驶条件。

(3) 增加汽车舒适性。由于消除了机械结构连接,地面和转向轮的不平通常不会传递到转向轴上。从而使驾驶操控空间以及汽车底盘空间明显增大。

6.2.4 线控转向系统的控制逻辑

线控转向系统控制逻辑流程如图 6-3 所示,基本流程如下:

(1) 限定最大转向角度为±380°,超出该范围的转向角度指令,按最高角度处理。

(2) 线控转向系统出现故障时,上报故障给整车控制器(Vehicle Control Unit,VCU),VCU 控制车辆启动制动功能并驻车。

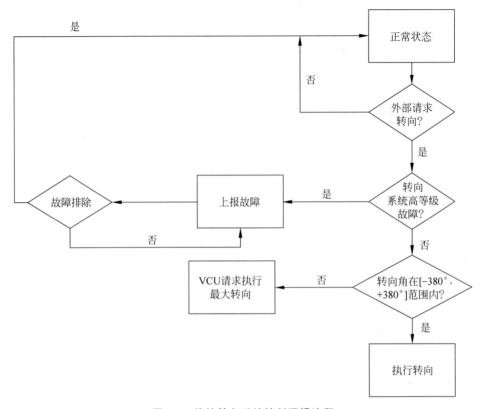

图 6-3 线控转向系统控制逻辑流程

6.2.5 线控转向系统的发展方向

1. 线控转向系统的可靠性

当前线控转向系统还无法在可靠性与成本之间取得一个很好的平衡,尚存在以下问题:

(1) 电子部件还没有达到机械部件的可靠程度,如何保证在电子部件出现故障后,系统仍能实现最基本的转向功能,这是线控转向系统目前最为突出的问题。

(2) 由于方向盘和转向轮之间没有直接的机械连接,因此如何提供给驾驶员合适的路感,以使驾驶员能够感受到道路的状况及转向轮所处的位置,从而调节转向力矩,这也是线控转向系统需要解决的关键问题。

(3) 线控转向系统需要与其他(感知、底盘、动力等)控制子系统进行高度融合与协同,复杂度和可靠性是挑战。

2. 传感器的精度和成本问题

传感器是线控转向系统中最重要的器件之一。传感器的精度问题决定了整个线控转向系统的性能。加速研究既可靠又低廉的传感器十分重要,价格昂贵也是线控转向难以推广的重要原因。

3. 线控转向系统的应用前景

辅助驾驶系统和无人驾驶实现智能转向的最佳方案就是采用线控转向系统。因而线控转向系统的研制开发也为自动驾驶车辆的开发提供了良好的科研平台,其自身也具有良好的应用前景。

6.3 线控制动系统

线控制动系统(Brake By Wire,BBW)即电子控制制动系统,结合了线控技术和汽车制动系统而形成,将传统液压或气压制动执行元件改为了电驱动元件,具有可控性好、响应速度快的特点。

线控制动系统主要分为液压式线控制动系统(Electric Hydraulic Brake,EHB)和机械式线控制动系统(Electric Mechanical Brake,EMB)两种。主要由制动踏板、ECU以及各种传感器等组成。线控制动系统取消了制动踏板和制动器之间的液压(或气压)与机械连接,主要通过传感器接收制动踏板的行程和踏板力,并把信号传递给电子控制单元,制动意图通过制动踏板转向角传感器的转角、角加速度等信号来识别。

6.3.1 线控制动系统的分类

1. 液压式线控制动系统

液压式线控制动系统是从传统的液压制动系统发展来的,基本结构如图 6-4 所示,但与传统制动方式有很大的不同,该系统以电子元件替代了原有的部分机械元件,取消了传统制动系统中的真空供给部件和真空助力部件,同时保留了成熟的液压部分,将电子系统和液压系统相结合,可以在电子助力失效时提供备用制动,确保车辆安全,是一个先进的机电一体化系统。电子踏板是由制动踏板和踏板传感器(踏板位移传感器)组成。踏板传感器用于检测踏板行程,然后将位移信号转换成电信号传给电子控制单元,实现踏板行程和制动力按比例进行调控。

液压式线控制动系统由传感器、电子控制单元以及执行机构等部分构成。

正常工作时,制动踏板与制动器之间的液压连接断开,备用阀处于关闭状态。电子踏板配有踏板感觉模拟器和电子传感器,液压式线控制动系统可以通过传感器信号判断制动意图,并通过电机驱动液压泵进行制动。

电子系统发生故障时,备用阀打开,液压式线控制动系统变成传统的液压系统。备用系统增加了制动系统的安全性,使车辆在线控制动系统失效时还可以进行制动,但是由于备用系统中仍然包含复杂的制动液传输管路,使得液压式线控制动系统并不完全包含线控制动系统产品的优点。液压式线控制动系统也因此被视为线控制动系统的先期产品。

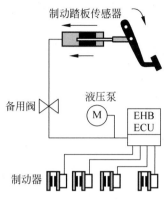

图 6-4　液压式线控制动系统

2. 机械式线控制动系统

机械式线控制动系统基本结构如图 6-5 所示,其所有的液压装置,包括主缸、液压管路、助力装置等均被电子机械系统替代,液压盘和鼓式制动器的调节器也被电机驱动装置替代。机械式线控制动系统是名副其实的线控制动系统。该系统的电控单元需要根据制动踏板制动器信号以及车速等车辆状态信号,驱动和控制执行机构电机来产生所谓的制动力。

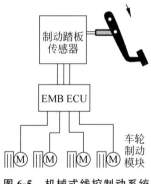

图 6-5　机械式线控制动系统

机械式线控制动系统优点:①执行机构和踏板间无机械或液压连接,缩短了制动器的作用时间,有效减小制动距离;②不需要助力器,减少空间、布局灵活;③无须制动液,系统质量轻并且比较环保;④在 ABS 模式下无回弹振动,可以消除噪音;⑤便于集成电子驻车等附加功能。

机械式线控制动系统技术难点及研究现状:①由于去除了备用制动系统,机械式线控制动系统需要有很高的可靠性,必须采用比液压式线控制动系统更可靠的总线协议;②由于制动能量需求较大,需要开发 42V 高电压系统;③制动器需要更好的耐高温性能,同时质量小、价格低;④需要更好的抗干扰能力,抵制车辆运行中遇到的各种干扰信号。

6.3.2 线控制动系统的结构

采用 EHB 线控技术的制动系统又称为前后联动刹车系统(Combination Braking System,CBS)。通常会匹配 ABS 或 ESP 系统,以改善制动效果和性能,CBS 系统如图 6-6 所示,各部分结构如表 6-1 所示。

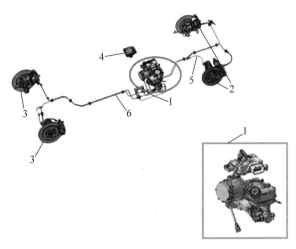

图 6-6 CBS 系统

表 6-1 线控制动系统各部分结构

序号	总成名称	备注	说明
1	CBS 总成	包括 CBS 控制器、CBS 驱动电机	
2	前转向节带制动器总成		
3	后转向节带制动器总成	EPB 卡钳总成,可同时用于 EPB 驻车	
4	EPB 控制器总成		EPB 卡钳+EPB 控制器+EPB 开关组成驻车制动系统
5	轮速传感器总成		
6	管路总成	包括制动硬管、制动软管	

CBS 驱动电机替代真空助力器及其附属零部件,与传统底盘基础制动系统匹配使用。CBS 系统电控单元控制电机转动,将电机扭矩经传动机构传递到机械液压系统中,从而为制动提供助力支持。

6.3.3 线控制动系统的基本工作原理

线控制动是线控系统中最关键也是技术难度最高的。要了解线控制动,首先要了解汽车刹车的一般原理。大部分小型车都采用液压制动,因为液体是不能被压缩的,能够几乎

100%的传递动力。其基本原理:踩下刹车踏板,向刹车总泵中的刹车油施加压力,液体将压力通过管路传递到每个车轮刹车卡钳的活塞上,活塞驱动刹车卡钳夹紧刹车盘从而产生巨大摩擦力,令车辆减速。

刹车总泵通常位于发动机舱靠近驾驶控制端。当踩下制动踏板后,施加到刹车总泵液体上的压强等于刹车盘活塞处的液体压强,但因为压力等于单位面积的压强,所以只要增大活塞的面积,施加的压力就会增大。

线控制动在执行制动操作时或由CAN总线发送的刹车指令时,输入杆会推动阀体移动,位于下方的踏板行程传感器会把踏板行程信息传递给电子控制单元,电子控制单元将踏板行程信息处理之后得到合适的制动力矩,并把制动信号传递给直流无刷电机,电机转动将制动力矩通过二级齿轮单元放大后推动助力器阀体,最终推动制动缸实现制动。

6.3.4 CBS系统控制策略

CBS系统可实现:线控制动、小脑制动、紧急开关制动、防碰撞开关制动、小遥控制动及制动系统故障等功能,CBS系统控制策略如图6-7所示。

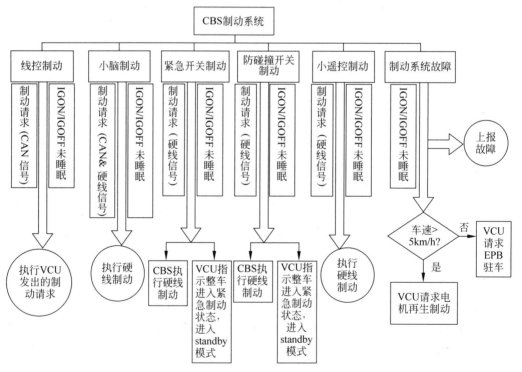

图6-7 CBS系统控制策略

6.3.5 液压式线控制动系统的发展现状

对于电动车或混动车辆,为了保证底盘的稳定性,需要冗余制动备份及最大限度制动能量回收,同时满足辅助驾驶或自动驾驶需求,有以下两种方案:

方案一:采用液压式线控制动+ESP系统,此种方案也称为two-box。其优点包括:

(1) 与典型的ESP系统相比,制动力提高了三倍,并且可通过电子控制系统进行更加精确的调节。紧急情况下,可在约120ms内自动建立全制动压力。

(2) 与ESP结合,能够为自动驾驶提供冗余制动备份。EHB失效后由ESP提供助力;当完全断电后,可以实现纯机械建压。

(3) 可实现最高达0.3g加速度的能量回收,从而使电动车辆的续航里程增加20%左右。

方案二:one-box方案,即液压式线控制动+ESP系统集成在一个小型轻量级制动模块里,其优点主要包括:

(1) 可实现制动能量回收功能,回收率为100%。

(2) 实现系统减重30%。

(3) 采用紧凑型装置,提升制动动态效能。

6.3.6 线控制动系统的优点

线控制动系统取消了制动踏板和制动器之间的机械连接,大大减少了制动器起作用的时间,提高了制动效能,缩短了制动距离。

采用线控制动技术以后刹车响应时间缩短至90ms左右,相对传统液压系统400~600ms、电控液压系统120~150ms的反应时间优势非常明显。线控制动技术可以与再生制动等电制动手段结合,满足日常刹车的要求,降低制动系统的磨损,同时也可通过电机的反向作用,弥补刹车踏板在制动能量回收等状态下的力度反馈,让驾驶更为顺畅。相较于传统制动方式,线控制动技术有着不可替代的优势,提高了车辆的安全性和舒适性,有利于无人车向智能化方向发展。

6.4 电子驻车制动系统

驻车制动系统主要分为传统驻车制动系统、电子驻车制动系统以及其他类型驻车制动系统,如图6-8所示。随着汽车生产制造技术的发展,制动系统逐步由传统的机械结构转变为电子控制结构,电子驻车制动系统就是电子控制技术在驻车制动领域的应用。电子驻车制动系统俗称电子手刹(Electrical Parking Brake,EPB),是指将车辆行驶过程中临时性的制动和停车之后保持较长时间的制动功能整合在一起,并且由电子控制方式实现停车制动的技术。

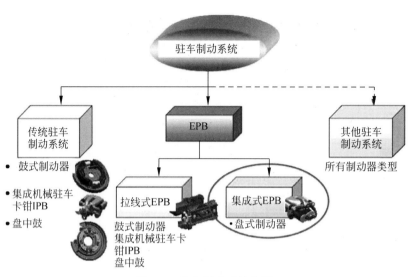

图 6-8 驻车制动系统分类

6.4.1 电子驻车制动系统的特点

电子驻车制动系统主要有以下特点：

(1) 电子手刹开关替代了传统手刹，充分释放了前排空间，为内饰设计提供了更大限度的自由度。

(2) 由于车厢内取消了手动驻车的制动杆，停车制动通过一个触手可及的电子开关进行，驾驶员不必费力拉动手动驻车制动杆，简单省力，提高了驾驶与操纵的舒适性与方便性。

(3) 由于不同驾驶员的力量大小有别，手动驻车制动杆的驻车制动对制动力的实际作用不同。而对于电子驻车制动系统，制动力量是固定的，不会因人而异出现偏差。

(4) 电子驻车制动系统还可实现自动驻车(与 ESP 配合工作)、车辆起步自动释放、溜车监测再次夹紧、热驻车再次夹紧等诸多功能，另外还可实现行车制动失效时紧急制动、维修模式、车辆运输模式以及儿童锁等特殊功能，给驾驶等带来极大便利。

(5) 电子驻车制动系统相比传统驻车制动系统，其零部件数量少、体积小、结构紧凑，可减少设计成本和安装成本。

6.4.2 电子驻车制动系统的结构

电子驻车制动系统主要由 4 部分组成：控制部分、执行部分、EPB 开关以及传感器，电子驻车制动系统如图 6-9 所示，各部分结构如表 6-2 所示。

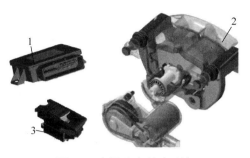

图 6-9　电子驻车制动系统

表 6-2　电子驻车制动系统各部分结构

序　号	总 成 名 称	备　　注
1	EPB 控制器	集成加速度传感器
2	EPB 卡钳	与行车制动共用 EPB 卡钳
3	EPB 开关	

1. EPB 卡钳结构及工作原理

EPB 卡钳结构如图 6-10 所示。

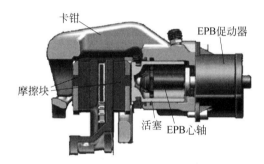

图 6-10　EPB 卡钳结构

电机是电子驻车制动系统最主要的元器件,其直接接收电子驻车制动系统 ECU 的指令,并通过执行正、反转来实现驻车和解除驻车。电机的选取主要取决于汽车驻车所需制动力的大小,并综合考虑电机的特性曲线。动力传动机构是作为电机输出到制动钳进行制动的动力传递机构,同时它还具有减速增矩,将电机高速低转矩的旋转运动转换为活塞低速高力矩的直线运动。制动钳是执行机构最末端的部件,直接与制动盘接触,它的作用是将传动机构传来的制动力施加到制动盘产生制动力,使汽车驻车。

2. EPB 控制器基本功能

EPB 控制器是电子驻车制动系统的核心。该控制器主要包括硬件电路和软件程序两部分,是基于单片机的控制模块。其功能主要是根据来自传感器的信号以及驾驶员的驻车指令,综合判断车辆的状态和驻车意图完成驻车动作。

3. EPB 开关工作原理

EPB 开关操作方式为拨拉式，EPB 开关大多数安装在副仪表台上，它有三个挡位：Neutral、Release 和 Apply。EPB 控制器通过识别 EPB 开关的动作来判断操控意图，同时根据传感器采集到的信息，综合判断车辆的状态和驻车意图，从而发出对应的指令给 EPB 卡钳。

6.4.3 电子驻车制动系统的功能及控制逻辑

电子驻车制动系统具有手动驻车、手动释放、外部请求驻车、外部请求释放、熄火自动驻车以及故障驻车等功能，其控制逻辑如图 6-11 所示。

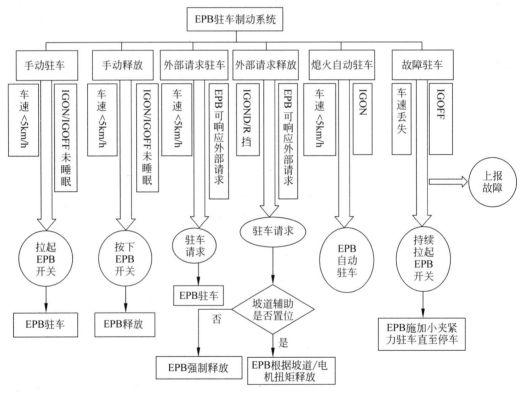

图 6-11 电子驻车制动系统功能及控制逻辑

后续可扩展的功能有：溜坡再夹功能、高温再夹功能、防抱死制动功能、降级制动功能以及禁止熄火自动驻车功能等，配合 ESP 实现动态制动功能。

6.4.4 电子驻车制动系统的发展现状

EPB 系统可以最大程度地提高操控的舒适性，减轻驾驶员的疲劳。随着国内车辆的普及,该功能已经逐渐受到用户的欢迎。对于辅助驾驶系统和无人驾驶系统,EPB 系统是标准配置。

电子驻车制动系统控制器可以作为一个单独控制器,也可以集成在其他控制器中,如集成在 ESP 中,减少零件数量、降低成本、方便布置。集成式电子驻车制动系统结合了独立式电子驻车制动系统和车身稳定系统的优点,提高了整车驻车制动的性能,对汽车制动系统的集成化研究具有较高的实用价值,是当前电子驻车技术的主要发展方向。

6.5 线控油门系统

线控油门也称电子油门,已经大量应用,凡具备定速巡航的车辆都配备有电子油门。其主要由加速踏板、加速踏板位置传感器以及电子油门控制单元等组成,加速踏板有地板式和悬挂式两种形式,结合加速踏板位置传感器反映操作意图,并将信号传递给控制单元。通常控制汽车纵向运动的功能配置都会用到线控油门,例如自适应巡航系统(Adaptive Cruise Control,ACC)、牵引力防滑控制(Traction Control System,TCS)和自动泊车(Auto Parking Assist,APA)等,具备此类功能的车辆通常都标配了线控油门。

加速踏板又称作"油门踏板"。在驾驶机动车时,遇到上坡路或者需要加速时,需深踩加速踏板,以增加发动机功率和扭矩,俗称"加油"。从字面意思来看,"油门"好像就是用来控制进油量的。

对于纯电动汽车而言,它没有发动机只有电源系统作为动力系统,这时"油门"控制的是电机的扭矩,它和整车控制器(VCU)、电机控制器(Motor Control Unit,MCU)以及动力总成等共同实现车辆的加速,此时"油门踏板"称作"加速踏板"更贴切。

在电动汽车上使用线控油门可以实现制动能量回收功能,当减小踏板力时,系统认为汽车具有减速的需求,这时通过 ECU 发送指令,在没有踩踏制动踏板的情况下,车辆实现制动能量回收,这个功能在业界称为"单踏板(one pedal)"。

6.5.1 线控油门系统的基本工作原理

线控油门系统的工作原理:当踩下加速踏板时,操作意图被加速踏板位置传感器感知,转换为相应的电压信号(或由 CAN 总线发送的目标加速度指令),输送给电子油门控制单元,电子油门控制单元得到这个信号后,结合当前驱动电机的工作状态、车速等信息,通过分析和计算当前驱动电机的最佳扭矩,经过电机控制器控制输出电能的电压、电流幅值或者频率来改变电机扭矩,达到控制整车速度或者加速度的目的。同时动力电机上的传感器将转速等信息反馈给电子油门控制单元,实现了闭环控制,从而达到最优的控制效果。

单踏板是一种集成了加速和制动功能的踏板,以控制车辆的加、减速。一旦松开加速踏板,再生制动系统就会介入工作,通过回收动能降低车速,即它可以依靠单踏板实现汽车的起步、加速、稳态、减速和停车全过程并在减速过程中同时实现能量回收,改变了传统的加、减速双踏板布置形式。

单踏板驾驶模式并不是只有一个踏板，其踏板系统由一个主踏板和一个辅助减速踏板组成，其中主踏板可以实现加、减速能力，可以满足日常的大部分车辆操作；辅助减速踏板是在主踏板刹车减速度不能满足制动意图时的紧急刹车踏板。

主踏板分为三个主要控制行程，即加速行程、减速行程和恒速行程。加速行程是驾驶员踩下踏板的过程，随着踏板深度的增加输出驱动扭矩随之增大；减速行程是驾驶员松开主踏板的过程，随着踏板深度的减少输出扭矩由正扭矩到负扭矩变化；恒速行程是驾驶员松开踏板到某一开度区间内，电机输出扭矩为零或是刚好与外界阻力相平衡。

6.5.2　线控油门系统的优势

线控油门系统除了控制精度高、结构更为简单之外，可以根据汽车的工况以及驱动电机的工作状态，结合油门踏板深度（或由 CAN 总线发送的目标加速度指令），实时调节驱动电机扭矩的大小，合理控制输入电能的大小，减少不必要的大油门，提高驱动电机的工作效率。

6.6　线控换挡系统

6.6.1　线控换挡系统概述

线控换挡系统的作用是操纵驻车机构和选择前进挡、倒挡和空挡。从传统上来讲，多数换挡系统由换挡杆和变速器内的换挡机构组成。这种类型的换挡装置限制了换挡杆的结构形式、换挡操作力、换挡模式等，也限制换挡操作性。例如对于换挡杆，无论是直的或柱式的，换挡位置排列顺序全都为 P、R、N、D，因为自动变速器的结构决定了这一切。此外，松开驻车机构需要特别大的力。对于传统换挡机构，为减小司机的误换挡操作，采用复杂的硬件结构，不利于简化换挡操作。

线控换挡系统消除了换挡杆与变速器之间的机械连接，适用于混合动力汽车，通过电控方式来选择前进挡、倒挡和空挡，采用电动开关来啮合或断开驻车机构。

6.6.2　线控换挡系统的基本原理

线控换挡系统既有控制模块，又有执行机构。通常由挡位选择模块、电控单元、执行模块、停车控制 ECU、停车执行机构以及挡位指示灯等组成。

线控换挡系统通过挡位传感器将换挡信号传递给电控单元，电控单元处理信号后将指令发送给换挡电机，实现前进挡、倒挡和空挡的切换。停车控制 ECU 会根据换挡电控单元发出的换挡指令，控制停车执行机构。

6.6.3 线控换挡系统的优势

与传统的机械式换挡操纵系统相比,线控换挡技术具有以下优点:①消除了传统机械部件与变速器联动的约束,从而提升了设计自由度,操作轻便、结构简单、换挡响应快、操控灵敏;②换挡齿轮的切换由电机驱动,减少了操纵力,提升设计自由度,便于实现个性化设计;③取消了相应的机械部件,提高安全性和舒适性;④结构紧凑、质量轻、减少维护费用;⑤当驻车时,只需启动驻车开关就可实现驻车换挡,操作简捷省时;⑥采用线控换挡系统可大幅度地改进换挡操作性、减少操作量、优化换挡模式、优化布置。

6.7 电驱动系统

6.7.1 电驱动系统的结构与功能

电驱动系统是一套以电机为主的新型驱动系统,主要保证车辆在正常工况下有理想的行驶驱动性能。电驱动系统的主要功能是将存储在蓄电池中的电能高效地转化为车轮的动能进而推进汽车行驶,并能够在汽车减速制动或者下坡时,实现再生制动。只有各个部分都协调匹配好,才能发挥电驱动系统的最佳性能。

电驱动系统主要由电机、电机控制器、减速器/差速器等构成,如图6-12所示。除此外,还有高低压线束等连接线。

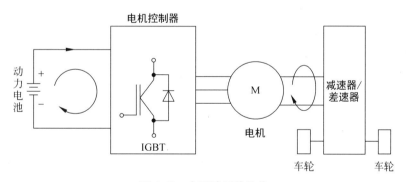

图6-12 电驱动系统结构

电驱动系统的电机控制器(MCU)能通过CAN总线接收整车控制器发送的目标扭矩指令或速度指令,通过电机驱动车轮到目标指令值,以便配合其他系统实现智能控制。

6.7.2 电驱动系统的工作原理

电驱动系统中电机包括转子、定子、壳体以及传感器等装置;电机控制器包括逆变器和控制器;减速器主要包括壳体、齿轮、轴承以及润滑油等;差速器包括齿轮和轴承等。

1. 电机

电机是电驱动系统的核心，其性能和效率直接影响电动汽车的性能。电机的功能类似燃油汽车的发动机。电机在整个循环过程中有电能与机械能的相互转换。在工作时，会把动力电池中存储的电能转换为车轮所需的动能驱动车轮；或是在需要制动时把车轮上的动能转化成电能回馈到动力电池中以达到制动能量回收的目的。

电机的核心是转子和定子。定子是电机的重要组成部分，主要由定子铁芯、定子绕组和机座三部分组成。定子的主要作用是产生旋转磁场。而转子的主要作用是在旋转磁场中被磁力线切割进而产生（输出）电流。转子承担了与车辆运动相关的所有功能。工作原理为磁场对电流受力的作用，磁电动力旋转扭矩。

早期的驱动电机大部分采用直流电机。直流电机驱动系统改变输入电压或电流就可以实现对其转矩的独立控制，进行平滑调速，具有良好的动态特性，并且有成本低、技术成熟等优点。但直流电机的绝对效率低，体积、质量大，碳刷和换向器维护量大，散热困难等缺陷，使其在现代电动汽车中应用越来越少。

随着电力电子技术、大规模集成电路和计算机技术的发展以及新材料的出现和现代控制理论的应用，机电一体化的交流驱动系统显示了它的优越性，如效率高、能量密度大、驱动力大、有效的再生制动、工作可靠和几乎无须维护等，使得交流驱动系统开始越来越多地应用于电动汽车中。

目前国内电动汽车主流电机类型主要有两种：一种是永磁同步电机；另一种是异步交流电机。永磁同步电机的体积小、转换效率较高、功率密度可以更大，峰值功率和控制精度更高。其中，永磁无刷直流电机的转矩大、控制简单高效；而永磁同步电机输出转矩较为平稳，结构紧凑、噪声小，但是其成本较高。异步交流电机则是体积较大，功率密度、峰值功率和成本都较低。两者的优缺点很明显。选用小型轻量的高效电机，对目前电池容量较小、续驶里程较短的电动汽车现状显得尤为重要。

2. 电机控制器

电机控制器在电驱动系统中的作用是协调电机和整车控制器的中间环节，接收整车控制器指令，同时控制电机执行；也可同时将电机的温度和速度信号反馈给整车控制器，将实际情况予以反馈。

电机控制器由逆变器和控制器两部分组成。逆变器接收电池输送过来的直流电能，逆变成三相交流电给汽车电机提供电源。控制器接收电机转速等信号反馈到仪表，当发生制动或加速行为时，控制器控制变频器频率的升降，从而达到加速或者减速的目的。而电流大小将影响着扭矩的大小。

电机控制器控制逻辑如图 6-13 所示，当整车控制器接收到自动驾驶系统发出的目标速度和目标扭矩指令时，向电机控制器转发目标速度和目标扭矩指令，并向自动驾驶系统反馈实际转速和扭矩。同时限定最大转速和最大扭矩，超出该范围的指令，按最高值处理。电机控制器将通过转化的频率信号和电流信号来控制电机的转速和扭矩输出。如果电机控制器系统出现故障时,上报故障给整车控制器,整车控制器控制车辆施加制动并驻车。

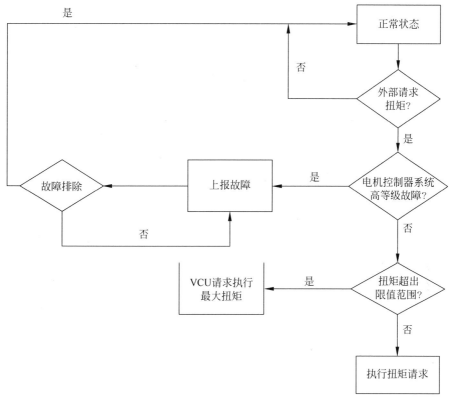

图 6-13 电机控制器控制逻辑

3. 减速器

减速器是一种装在原动机与工作机之间用以降低转速,增加扭矩的装置,如图 6-14 所示。有的减速器还利用锥齿轮传动以改变动力方向,是汽车传动系统中的主要部件。通过减速器将传动速度降下来以后,能获得比较高的输出扭矩,从而得到较大的驱动力。减速器使用十分广泛,常见的有齿轮减速器、蜗轮蜗杆减速器等。

图 6-14 减速器

减速器按数目可分为双级减速器和单级减速器。单级减速器就是一个主动锥齿轮(俗称角齿)和一个从动伞齿轮(俗称盆角齿),主动锥齿轮连接传动轴,顺时针旋转,从动伞齿轮贴在其右侧,啮合点向下转动,与车轮前进方向一致。由于主动锥齿轮直径小,从动伞齿轮直径大,达到减速的功能。双级减速器多了一个中间过渡齿轮,主动锥齿轮左侧与中间齿轮的伞齿部分啮合,伞齿轮同轴有一个小直径的直齿轮,直齿轮与从动齿轮啮合。这样中间齿轮向后转,从动齿轮向前转动,中间有两级减速过程。

减速器主要有两个作用：一是改变动力传输的方向；二是作为变速器的延伸为各个挡位提供一个共同的传动比。变速器的输出是一个绕纵轴转动的力矩，而车轮必须绕车辆的横轴转动，这就需要有一个装置来改变动力的传输方向。不管变速器在什么挡位上，这个装置的传动比都是总传动比的一个因子。有了这个传动比，可以有效降低对变速器减速能力的要求，这样设计的好处是可以有效减小变速器的尺寸，使车辆的总布置更加合理。总体来说，汽车主减速器最主要的作用就是减速增扭。此外还有改变动力输出方向、实现左右车轮差速或中后桥的差速功能。

4. 差速器

差速器是由左右半轴齿轮、两个行星齿轮及齿轮架组成的一种装置，是为了调整左、右轮的转速差而装置的，能够使左、右（或前、后）驱动轮实现以不同转速转动。

当汽车转弯行驶或在不平路面上行驶时，内侧车轮和外侧车轮的转弯半径不同，外侧车轮的转弯半径要大于内侧车轮的转弯半径，外侧车轮的转速要高于内侧车轮的转速。因此会出现外侧轮有滑拖现象，内侧轮有滑转现象，两驱动轮此时会产生两个方向相反的附加力，并通过半轴反映到半轴齿轮上，迫使行星齿轮产生自转，使内侧半轴转速减慢，外侧半轴转速加快，从而实现两边车轮转速的差异，使左右车轮以不同转速滚动，保证两侧驱动车轮作纯滚动运动。在四轮驱动时，为了驱动四个车轮，必须将所有的车轮连接起来，如果将四个车轮机械连接在一起，汽车在曲线行驶时就不能以相同的速度旋转，为了能让汽车曲线行驶旋转速度基本一致性，这时需要加入中间差速器用以调整前、后轮的转速差。

6.7.3 电驱动系统的特点

电动汽车与燃油内燃机汽车的最大区别就是电驱动系统，电动汽车对驱动系统的要求相对较高，通常应符合：

（1）瞬时功率大、短时过载能力强，以满足爬坡及加速的需要。

（2）调速范围宽广。

（3）在运行的全部速度范围和负载范围内，具有较高的效率，也就是在电机所有工作范围内综合效率高，以尽量提高电动汽车一次续驶里程。

（4）可靠性高、使用方便简单、价格低廉。

（5）功率密度高、体积小、质量轻。

以国产新石器无人车为例，其电驱动系统采用美国 TI 公司主流 DSP 作为主控芯片，建立了实现电机控制算法的良好平台。选用了国际上先进的大功率 MOSFET 管作为功率器件，显现了低噪声、高效率的能量转换。采用了先进的矢量控制算法，实现了控制器对电机转矩、转速的精确控制。刹车或者反向能量回馈控制，提升车辆的续驶里程，满足不同客户的需求。可选坡路防倒溜功能，提高驾驶的安全性。可灵活调节的参数，调节车辆的操纵性能，满足不同路况和各种使用环境的要求。完善的加速器故障、欠压、过压、过流、过热等保护功能，提升了系统的可靠性。可针对不同用户提出的不同需求定制软件，满足客户的个性化需求。

6.7.4 电驱动技术的发展方向

电驱动系统作为新能源汽车的核心部件,由于其具有良好的性能成为各大车企竞争的核心。国外整车和零部件企业均已经开展了集成式电驱动系统的开发,并逐步进入中国市场,并对国内市场造成一定冲击。电驱动技术未来有以下发展趋势:

一是集成化。电驱动系统包括电机、减速器以及电机控制器等。分体式的电驱动系统存在体积大、效率低、成本高的不足。未来3~5年,三合一集成式电驱动系统将成为主流。国外集成式电驱动系统将集中于未来2~3年批产并大幅进入中国市场,对国内电驱动市场造成不小的冲击。这种冲击不仅体现在技术和价格上,更会体现在市场吞并、企业联合等方面。

二是电机高速化。目前,市面上电驱动产品的电机最高转速均在12000rpm左右。但随着电机技术的发展,加之消费者对驾驶体验、驱动效率等的追求,更高速的电机将成为必然。超过15000rpm的电机已经上市,并逐渐应用在一些定位较高的车型中,如特斯拉系列、蔚来ES8等。

三是减速器大速比。电动汽车在中国市场的兴起,从某种角度上降低了主机厂掌握减速器技术的门槛。由于电机与传统内燃机的不同,使得电动汽车可以采用单挡减速器来保证大转速范围内电机的有效使用,现有电动汽车减速器的速比通常在10左右。然而,随着电机转速越来越高,减速器速比将达到15以上。这时,单速比减速器将无法满足市场的需求。因此,大速比、两挡或多挡减速器将成为未来电驱动系统减速器的发展方向。

6.8 动力电池系统

6.8.1 动力电池系统概述

电池是电动汽车的动力源泉,也是制约电动汽车发展的关键因素。车用电池的主要性能指标是比能量(E)、能量密度(Ed)、比功率(P)、循环寿命(L)以及成本(C)等。电动汽车与燃油汽车相竞争,关键就是要开发出比能量高、比功率大、使用寿命长的高效电池。

动力电池涉及化学、机械工业以及电子控制等多个领域。电池的关键在电芯,而电芯最重要的材料是正负极、隔膜以及电解液。广为熟知的正极材料有磷酸铁锂、钴酸锂、锰酸锂、三元以及高镍三元材料等。通常新能源汽车上都有一块或者两块低压电池,为了区分,一般将高压电池称为动力电池。与燃油汽车的油箱作用类似,作为新能源车的"能量"来源,动力电池系统通常由电芯、电池组、电池管理系统、冷却系统、高低压线束、保护外壳以及其他部件组成。目前在新能源汽车中使用的动力电池,磷酸铁锂电池和三元锂电池两分天下,钛酸锂电池和锰酸锂电池的应用相对较少。在对安全性要求较高的电动客车市场中,磷酸铁锂应用更多;对能量密度要求较高的乘用车市场,三元锂占比更高。

动力电池系统结构如图 6-15 所示。

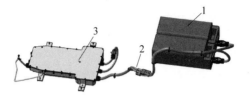

图 6-15　动力电池系统结构

各部分结构名称如表 6-3 所示。

表 6-3　动力电池系统各结构名称

序　号	总成名称	备　　注
1	高压电池	
2	四合一	集成了配电盒、BMS、OBC、DC-DC
3	高压线束	

6.8.2　电池系统的基本结构

电池系统可分为：①电池模组，包括电芯、模组框架、汇流排等；②电池管理系统（Battery Management System，BMS），包括主板和从板；③电气件，包括继电器、保险、预充件、铜排、高低压线束等；④热管理，包括进水管和出水管等；⑤PACK 结构，包括壳体、上盖、密封条、支架、螺栓等 5 个主要部分，如图 6-16 所示。

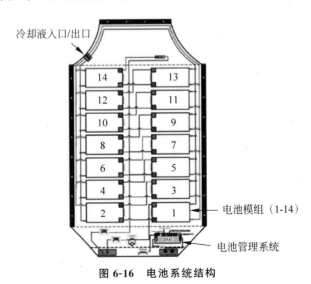

图 6-16　电池系统结构

1. 电池模组

当多个电芯被同一个外壳框架封装在一起,通过统一的边界与外部进行联系时,就组成了一个模组。图 6-16 中 1～14 为电池模组,模组内的核心件为电芯,电芯是储存电能的单元。模组内由电芯串并联构成,电芯的串联数量由电芯电压、动力电池系统电压及空间决定。电芯的并联数量由电芯容量和动力系统容量需求决定。模组内的电芯串并联通过汇流排连接,传导电流。模组框架主要有铝合金材质和玻纤增强塑料两种材料组成,其主要有焊接和扎带捆绑两种紧固形式。常见动力电池如图 6-17 所示,电池模组也将向着无模组方案发展。

图 6-17 动力电池

2. 电池管理系统

电池管理系统主要是通过对电池能量的监测有效控制,提升电动汽车续航里程,是电池系统的核心组成部分。

动力电池系统主要通过 BMS 控制继电器吸合及断开,完成充电或放电功能,同时监测每串电芯的电压及温度等信息,确保系统参数的均衡稳定。另外通过总回路电流传感器获取总电流,总正和总负获取输出端电压,从而实时掌握充放电功率信息。电池管理系统可以控制各参数在安全合理区间使用,超出正常工作范围将进行过压、欠压、过流、过温、超功率等保护,确保动力电池使用安全。

电池管理系统硬件的拓扑结构分为集中式和分布式两种类型。集中式是将电池管理系统的所有功能集中在一个控制器里面,比较适合电池包容量比较小、模组及电池包形式比较固定的场合,可以显著地降低系统成本。分布式是将电池管理系统的主控板和从控板分开,甚至把低压和高压部分分开,以增加系统配置的灵活性,适应不同容量、不同规格形式的模组和电池包。

针对电池在制造和使用过程中的不一致性以及电池容量、内阻随电池生命周期的变化,电池管理系统可以通过多状态联合估计、扩展卡尔曼滤波算法、内阻/容量在线识别等方法,实现对电池全生命周期的高精度状态估算。同时针对电池单体间的个体差异,使用均衡策略,可以最大限度地发挥电池的能效。

电池管理系统可以实现电池内短路的快速识别。电池内短路是最复杂、最难确定的热失控诱因,是目前电池安全领域的国际难题,可导致灾难性后果。电池内短路无法从根本上杜绝,目前一般是通过长时间(2 周以上)的搁置观察以期早期发现问题。利用对称环形电路拓扑结构及相关算法,可以在极短时间内(5 分钟内)对多节电池单体进行批量内短路检测,能够识别出 0~100kΩ 量级的内短路并准确估算内短阻值。这种方法可显著降低电芯生产企业或模组组装厂家的运营成本,提高电池生产及使用过程的安全性。

3. 电气件

电气件主要包括继电器和保险。

继电器既是一种控制开关,又是控制对象。其工作原理就是用小电流来控制大电流,也就是一个开关,如果直接用普通开关来控制较大的电流时会烧线,而加入一个继电器就不会了。

高压线束或铜排将连接电池模组和继电器以及保险,低压线束连接电池管理系统,控制继电器通断。继电器按照电池管理系统给的指令执行闭合或断开,保险将保护电池模组等关键安全件在合理的电流范围内工作,超出最大限值,将在一定时间内熔断,从而保护整个动力电池系统,规避安全风险。

继电器与其他功率元件一起协同作用,从而实现对充电过程的精确控制和对各种负荷的无损耗开关操作,具有高耐久性和高可靠性特点,可确保充电站内部系统的运行安全和使用寿命。

4. 热管理

为了保证在低温工作环境下动力电池能够正常放电,系统增加了动力电池加热功能,在较低温度环境下升温到动力电池最佳工作温度,即 25℃~35℃。如果运行中的动力电池因为大倍率放电,将带来温度升高。过高温度将影响动力电池性能的发挥,通常要控制动力电池温度在 55℃ 以内,主要通过增加液冷系统为动力电池降温,如增加水管、水冷板及空调制冷进行降温。

5. PACK 结构

电池 PACK 一般是指包装、封装和装配。例如 2 个电池串联起来,按照客户要求组成某一特定形状就叫 PACK。PACK 主要包括下壳体、上壳体、密封条、支架及螺栓等。PACK 主要是为了支撑内部重量比较大的模组,外面连接在车体上,PACK 与车体融为一体的方案是发展趋势。下壳体材质多为铝合金挤压拼焊或压铸铝合金形式,上壳体多为 SMC 或塑料材质,密封条多为 EPDM 橡胶材质,确保动力电池系统 IP67 等级。

6.8.3 动力电池系统技术的发展方向

动力电池系统技术主要有以下发展方向。

(1) 高安全性。这个是基本要求,集成功能越来越多,安全要求越高。

(2) 高能量密度。有限的空间或重量能够容纳更大的能量是发展需要。

(3) 向固态电池方向发展。未来将逐步向半固态过渡,最终向全固态电池方向发展。

(4) 系统集成化。动力电池模块与 BMS 集成一体,同时集成控制器件,内部形成模块化且随着产品可靠性的提升,更高的集成化也势在必行。

(5) 轻量化。轻量化能够带来能量密度的提升,协助整车轻量化能够带来整车续驶里程的提升。

6.9 整车控制器系统

整车控制器作为整车的"大脑",需要对整车的所有动作进行检测和指挥,作为三电系统中体积最小的部件,其作用至关重要。整车控制器(VCU)需要检测整车所有 ECU 自检状态、能量分配、采集刹车踏板、电加速踏板、控制继电器开关、整车故障检测、整车上下电控制以及故障处理等工作。整车控制器的处理速度比较快,芯片运行频率可达 100MHz 以上,同时具备首发功能,具有多路电源输出口,硬件资源丰富足够整车使用。整车控制器根据踏板综合数据计算出给驱动电机的电流指令,电机控制器才会执行,部分数据需要现场标定。

随着电动汽车市场逐渐繁荣与成熟,新能源汽车供应链企业之间加强协作是未来的发展方向。整车控制器将在动力电池、驱动系统和整车之间寻求最佳方案,专门进行软件层面的系统设计以及整车性能试验调试等。而硬件部分将逐渐趋于专业化,由专门的汽车电子企业研发生产。

整车控制器系统的主要功能是采集油门、制动踏板等各种信号,根据信号状态作出相应判断并给出指令。整车控制器系统还要协调各个控制器的运行,通过 CAN 网络等方式通信。其性能直接决定了车辆的爬坡、加速、最高速度等主要性能指标。同时,电控系统面临的工况相对复杂,需要能够频繁启停、加减速、低速/爬坡时需要高转矩,高速行驶时要求低转矩,具有大变速范围。电控方面对于主机厂来说,真正掌握的只有整车控制器,新能源汽车整车控制器与传统汽车的整车控制器差别并不是很大,技术成熟度较高。

6.9.1 整车控制器基本功能

整车控制器系统是车辆控制系统的中枢,同时又是车辆和智能控制部分的网关。整车控制器主要功能包括扭矩控制、制动控制、驻车控制、转向控制以及接收遥控器控制信号等。

车辆控制系统通常采用一体化集成控制与分布式处理相结合的体系结构。各部件具有独立的控制器,整车控制器负责系统中各部件之间的协调工作。为满足系统数据交换量大、实时性强、可靠性高的特点,整个分布式控制系统之间采用 CAN 总线进行通信。

在汽车自动驾驶领域,车辆整车控制器与自动驾驶进行交互,具有信息处理、信息反馈和控制决策功能,是控制理论发展的高级阶段。整车控制器可以解决用传统方法难以解决的复杂系统控制问题,主要涉及上下电控制、接管控制、转向控制、制动控制、驻车控制、挡位控制、驱动控制、灯光控制以及故障安全控制等。

6.9.2 上下电控制

整车控制器负责控制整车的高低压上下电,包括正常情况以及紧急情况下的逻辑判断和处理。上下电过程如下:

(1) 低压上电及唤醒。

由 12V 蓄电池供电,当上电开关或远程模块发送唤醒信号至整车控制器后,由整车控制器控制继电器闭合,从而唤醒其他控制器。

(2) 高压上电。

整车控制器控制动力电池继电器接通后,控制预充继电器闭合,预充完成后,闭合总正继电器,同时断开预充继电器,完成高压系统安全上电。

预充电路模块的作用是为防止在高压供电瞬间产生的强电流及高电压对动力驱动系统器件形成冲击,从而导致器件损坏。

(3) 高压下电。

整车控制器判断当前车辆状态是否满足安全下高压条件(高压输出电流是否小于1A),满足条件后断开总正继电器,完全断开后,控制动力电池继电器断开,从而完成高压系统安全下电。

(4) 低压下电。

整车控制器接收到 OFF 信号后,控制继电器断开,同时向 CAN 网络里发送休眠指令,待其他控制器进入休眠状态,整车控制器进入休眠状态,从而完成整车下电流程。

6.9.3 接管控制

车辆接管模式优先级划分如下:

第一优先级:紧急制动。

当接收到紧急制动信号触发时,无论当前车辆处于何种接管状态,都需要立刻转入紧急故障状态,从而确保车辆进入安全模式。

第二优先级:遥控器控制。

当满足人工控制条件时,车辆转入遥控器控制状态,此时整车控制系统只响应遥控器控制指令,并向相应执行器件发送指令。

第三优先级:平行驾驶控制。

当接收到平行驾驶接管使能信号,且无更高优先级使能触发时,车辆转入平行驾驶控制状态,此时整车控制系统只响应平行驾驶控制指令,并向相应执行器件发送指令。

第四优先级:自动驾驶控制。

当接收到自动驾驶接管使能信号,且无更高优先级使能触发时,车辆转入自动驾驶控制状态,此时整车控制系统只响应自动驾驶控制指令,并向相应执行器件发送指令。

第五优先级:Standby 模式。

当车辆从遥控器接管状态/平行驾驶接管状态/自动驾驶接管状态进入 Standby 状态时,如果当前挡位状态不是在 P 挡,整车需转入 P 挡,其他信号不做变动。

控制模式优先级:紧急制动＞遥控器控制＞平行驾驶控制＞自动驾驶控制＞Standby。

6.9.4 转向控制

转向控制基本流程如图 6-18 所示,基本程序如下:

（1）当整车控制器接收到自动驾驶系统发出的"目标转向角度"和"转向角速度"指令时，向转向控制器转发"目标转向角度"和"转向角速度"指令，并向自动驾驶系统反馈实际转向角度。

（2）限定最大转向角度为±380°，超出该范围的转向角度指令按最高角度处理。

（3）线控转向系统出现故障时，上报故障给整车控制器。整车控制器按照预设故障处理措施进行车辆控制及故障上报。

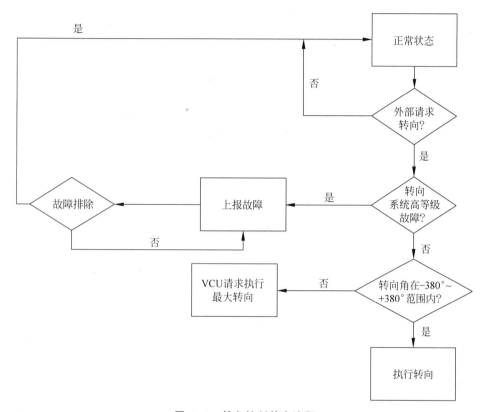

图 6-18　转向控制基本流程

6.9.5　制动控制

制动控制系统主要有以下功能。

（1）信息处理及信息反馈。

自动驾驶接管下，整车控制器接收到自动驾驶系统的制动开度信号时，需要将开度信号转换为制动压力后，转发给制动控制系统，转换关系如公式 6-1 所示。

$$制动压力 = 制动开度 \times 50 \tag{6-1}$$

同时整车控制器需要将制动控制系统反馈的实际制动力转换为制动开度，反馈给自动驾驶控制系统，其转换关系如公式 6-2 所示。

$$制动开度 = 实际反馈制动力/50 \tag{6-2}$$

(2) 控制决策。

整车控制器接收到制动请求时,主动释放驱动扭矩,向电机控制器发送驱动扭矩为 0 的指令,不响应任何驱动指令;待制动请求解除后,再响应驱动指令。

当整车控制器接收到制动控制系统的驻车制动请求信号时,整车控制器向电子驻车系统发送驻车指令,接收到电子驻车系统反馈"驻车完成"信号后释放制动压力,制动压力恢复为默认值 0bar。

当紧急制动触发时,退出自动驾驶接管,不再响应其任何线控指令。

制动系统执行的基本策略:当制动系统接收到紧急制动硬线触发信号或总线紧急制动信号后,以自身系统允许的最大刹车力执行紧急制动指令;当制动系统接收到硬线触发信号和总线紧急制动信号不一致后,以自身系统允许的最大刹车力执行紧急制动指令。

整车控制器执行的基本策略:停止扭矩输出,待车速小于 5km/h 时,向电子驻车系统发送驻车指令,接收到电子驻车系统反馈"驻车完成"信号后释放制动压力,制动压力恢复为默认值 0bar,同时下高压,双闪警示;进入紧急制动状态,并上报,禁止自动驾驶接管,防止二次伤害。

制动系统执行流程如图 6-19 所示。

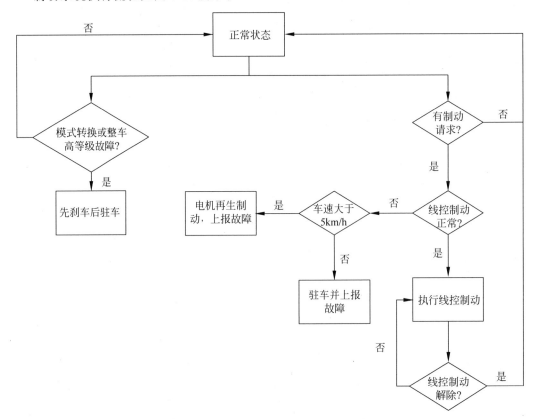

图 6-19 制动系统执行流程

6.9.6 驻车控制

整车控制器接收到自动驾驶系统下发的驻车指令,当车速大于 5km/h 时,整车控制器向电机控制器发送扭矩控制指令为 0N·m,同时向制动系统发送最大允许制动请求,待整车控制器接收到制动系统的驻车请求信号时,向电子驻车系统发送驻车指令,接收到电子驻车系统反馈"驻车完成"信号后释放制动压力,制动压力恢复为默认值 0bar。

整车控制器接收到自动驾驶系统下发的驻车指令,当车速小于 5km/h 时,整车控制器向电机控制器发送扭矩控制指令为 0N·m,并向电子驻车系统发送驻车指令。

自动驾驶控制下,自动驾驶系统可以根据整车控制器反馈的坡度值,判断是否激活坡道辅助功能;整车控制器接收到自动驾驶系统下发的驻车释放指令,当坡道辅助功能激活时,电子驻车系统根据坡度值以及电机扭矩释放;当坡道辅助功能未激活时,电子驻车系统强制释放。

6.9.7 挡位控制

整车控制器为自动驾驶的决策挡位提供输入信息,并且对自动驾驶挡位操作进行识别以及有效挡位操作判定,当整车控制器接收到自动驾驶系统发送的挡位请求时,需要根据当前的车辆状态,判定是否执行改变当前挡位。如果满足判定条件,则转入对应挡位;如果不满足判定条件,则对挡位请求信号不响应。

N/D/R 这三个挡位是整车控制器先接收到挡位请求信号,再进行挡位逻辑切换判定后再进入对应的挡位。

当坡道辅助功能未激活时,P 挡则是需要整车控制器检测驻车请求指令后,待电子驻车系统反馈驻车状态,整车控制器再进入 P 挡。当坡道辅助功能激活时,整车控制器需要根据挡位请求指令,判定当前挡位状态。

6.9.8 驱动控制

驱动系统如图 6-20 所示,整车控制器指示驱动电机转向指令分为三种模式:Standby 模式、正向模式、反向模式。驱动控制架构如图 6-21 所示,各模式执行过程如下:

(1) Standby 模式:电机控制器被唤醒完成初始化后,进入待机模式,在此模式下电机控制器工作于无扭矩输出状态,等待整车控制器的模式转换指令。当接管状态处于 Standby 模式时,整车控制器指示驱动电机进入 Standby 模式,此模式下,电机不响应"驱动电机需求扭矩指令""驱动电机需求转速指令"。

(2) 正向模式:当整车控制器处于 D 挡,或 D 挡转入其他非 R 挡时,整车控制器接收到自动驾驶系统的扭矩请求,指示驱动电机转向为"正向模式",此模式下,电机控制器控制电机正转。

(3) 反向模式:当整车控制器处于 R 挡,或 R 挡转入其他非 D 挡时,整车控制器接收到自动驾驶系统的扭矩请求,指示驱动电机转向为"反向模式",此模式下,电机控制器控制电机反转。整车控制器负责输出的驱动扭矩必须小于最大扭矩限制,最大扭矩限制包括:零扭矩限制、坡行扭矩限制、电池允许最大功率限制、电机允许最大扭矩限制等扭矩限制。

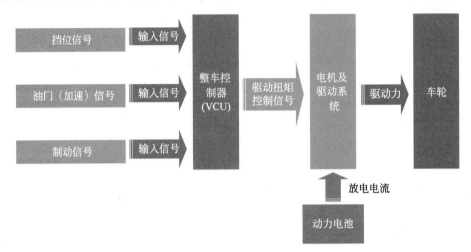

图 6-20　驱动系统

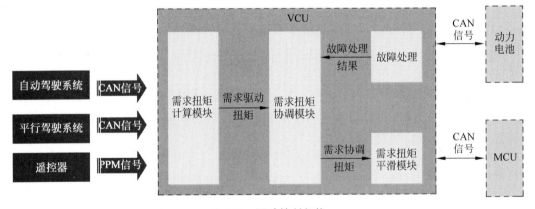

图 6-21　驱动控制架构

当整车控制器同时接收到自动驾驶系统下发的驻车/制动和扭矩请求时,响应驻车/制动请求,同时向电机控制器停止扭矩输出。

比例(P)、积分(I)和微分(D)控制,简称 PID 控制,如图 6-22 所示,是根据给定值和实际输出值构成控制偏差,将偏差按比例、积分和微分通过线性组合构成控制量,对被控对象进行控制。

给定值 $r(t)$ 与实际输出值 $y(t)$ 构成偏差:$e(t)=r(t)-y(t)$,将偏差的比例、积分和微分通过线性组合构成控制量,对受控对象进行控制。其控制规律如公式 6-3 所示。

$$u(t) = K_p e(t) + K_i \int e(t) \mathrm{d}t + K_d \frac{\mathrm{d}e(t)}{\mathrm{d}t} \tag{6-3}$$

式中,K_p 为比例系数,K_i 为积分系数,K_d 为微分系数。

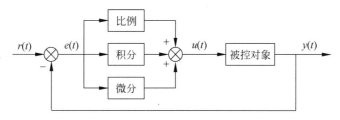

图 6-22　PID 示意图

PID 控制器各校正环节的作用如下：

比例：即时成比例地反映控制系统的偏差信号 $e(t)$,偏差一旦产生,控制器立即产生控制作用以减小误差。当偏差 $e=0$ 时,控制作用也为 0。因此,比例控制是基于偏差进行调节的,即有差调节。

积分：能对误差进行记忆,主要用于消除静差,提高系统的无差度,积分作用的强弱取决于积分时间常数 Ti,Ti 越大,积分作用越弱；反之则越强。

微分：能反映偏差信号的变化趋势(变化速率),并能在偏差信号值变得太大之前,在系统中引入一个有效的早期修正信号,从而加快系统的动作速度,减小调节时间。

从时间的角度讲,比例作用是针对系统当前误差进行控制,积分作用则针对系统误差的历史,而微分作用则反映了系统误差的变化趋势,这三者的组合是"过去、现在、未来"的完美结合。

6.9.9　灯光控制

灯光控制包括：

（1）制动灯控制。

① 当整车控制器检测到 EHB 的制动液压力大于 2bar 时,点亮制动指示灯。当车辆实际无制动压力时,立刻熄灭制动灯；② 当电源状态为 OFF 时,立刻熄灭制动灯。

（2）倒车灯控制。

① 当前挡位切换为 R 挡,整车控制器自动点亮倒车灯,挡位为 P/D/N 挡时,关闭倒车指示灯；② 当电源状态为 OFF 时,立刻熄灭倒车指示灯。

（3）转向灯控制。

① 当整车控制器接收到自动驾驶下发的转向指令"左转"或"右转",点亮左转向灯或右转向灯；② 当电源状态为 OFF 时,立刻熄灭转向灯。

6.9.10　故障安全控制

自动驾驶控制模式下,当底盘发生故障时,整车控制器会根据故障的严重程度进行分级,并作出相应处理。

(1) 如果是涉及生命安全、可能导致人身伤亡或造成重大经济损失的故障,此时整车控制器会立即退出自动驾驶控制模式,进入 Standby 模式,同时发送制动及驻车请求,停止扭矩输出,且故障解除前,不允许再次进入自动驾驶模式,并将故障上报给自动驾驶系统及车辆网系统,同时车灯双闪进行告警。

(2) 如果故障导致车辆性能显著下降,此时整车控制器会进入限扭矩模式,将最大车速限制在 3km/h 以下,并将故障上报给自动驾驶系统及车辆网系统,同时车灯双闪进行告警。

(3) 如果故障的发生不影响车辆的正常使用,故障将上报给自动驾驶系统及车辆网系统,等待故障升级后按前两条处理或维修人员前去处理。

本章小结

线控系统与动力电池系统是无人自动驾驶车辆的重要组成部分。线控技术使汽车的结构更简单、重量更轻、制造更方便、运行更高效。无论是自动驾驶还是有人驾驶车辆,线控技术都有非常广泛的实际应用。动力电池系统作为自动驾驶汽车动力系统的源泉和重要部分,也是制约电动汽车发展的关键因素。本章重点从线控转向、制动、驻车、油门、换挡、电驱动、整车控制器系统等方面对线控系统进行了阐述,同时对动力电池系统基本结构以及技术发展方向进行了介绍。

第 7 章 自动驾驶发展环境

CHAPTER 7

7.1 自动驾驶发展环境概述

世界正处于交通革命的风口浪尖上。汽车在提高人们生活水平的同时,也带来了能源、环境、安全、拥堵等日益严重的社会问题。中国已成为全球第一大原油进口国,第二大石油消费国,当前中国汽车耗油约占整个石油消费量的33%,2020年这一比例上升到57%。因此,如何有效提高能源利用率、降低能源消耗、减少尾气排放是国家和行业所面临的巨大挑战。在交通拥堵方面,据交通运输部2014年发布数据显示中国交通拥堵带来的经济损失高达2500亿元人民币,占城市人口可支配收入的20%。另外,据美国交通信息服务公司INRIX在2017年发布的一项全球交通排行报告显示,在2016年交通拥堵在美国造成约3000亿美元的损失,其中,洛杉矶以104小时/人的拥堵时间成为这项报告中最拥堵的城市。安全方面,据美国国家公路交通安全管理局统计,美国2020年共约38680人死于交通事故,比2019年的36096人增长7.1%,是美国13年来最高纪录,而在2015年,欧洲由交通事故造成的经济损失达到GDP的2%。以自动化、信息化为基础的智能汽车有解决能源、安全和环境问题的巨大潜力,因而受到人们极大关注。

目前自动驾驶技术正在改变和重铸汽车行业。创新技术的应用、创新场景的出现都在引发快速而深刻的革命。今后一段时间内,自动驾驶技术必将深刻影响到每个人的生活体验,它不仅会改变人们的出行方式,而且会改变人们的生活方式。自动驾驶会给予人们更多的时间用于休闲和工作,自动驾驶将改变企业进口材料、分配材料的方式,产品生产以及雇用员工的模式。电动汽车、按需出行、数字铁路、无人机交付和超高速火车……这些都只是一场深刻的技术革命的一些组成部分和体现形式。随着自动驾驶的发展,人类的行动自由即将极大扩展,人类的生活也将发生深刻的变革。就像工业革命给人类社会带来的巨大变化一样,以自动驾驶、人工智能等新技术引领的又一次技术革命也势必深刻颠覆传统的人类社会活动方式。从自动驾驶的视角,用前瞻性的眼光和理性的想象去描绘和预测未来世界的图像,必将有助于我们在新技术时代更有准备地面对即将到来的机遇和挑战。

目前对于汽车智能化有以下共识：通过采用自动驾驶技术，能够减少90%的由于人为操作引起的交通事故；通过车-车通信和智能速度规划，在智能化发展的前期可以将道路通行率提高10%以上，在高度自动化阶段可以将道路通行率提高50%～90%；在节能减排方面，通过经济性驾驶和整体智能交通规划，能源消耗至少能降低15%～20%。不仅如此，随着近年来电子信息领域新技术的应用，物联网、大数据、移动互联、自动化、智能化技术迅速发展，也为汽车智能化带来良好的技术条件。因此，传统车所带来的问题、对汽车发展提出的新目标和需求及技术发展所带来的智能化实现的可能性，形成了汽车智能化发展的拉力和推动力。在此环境下，汽车智能化已经成为行业发展的热点，并且正在引起行业的巨大变革。

自动驾驶涉及汽车、电子、信息通信、道路交通运输等众多领域，产业生态极其庞大。但是，基于目前自动驾驶汽车发展的不成熟，自动驾驶汽车的落地仍然离不开政策法规的支持和引导。自动驾驶汽车的发展将引发汽车工业、交通形态、社会分工等方面巨大的变化，同时也必然会对既有的社会秩序和规则带来挑战，因此法律法规建设是自动驾驶汽车发展中非常重要的一环。

为此，世界各国纷纷制订出相应的汽车智能化研究计划，欧盟、美国和日本均发布政策法规来推动智能网联汽车发展。中国在《中国制造2025》中也明确给出了汽车智能化技术的总体目标，即制定中国自主驾驶标准：基于多源信息融合、多网融合，利用人工智能、深度挖掘及自动控制技术，配合智能环境和辅助设施实现自主驾驶；可改变出行模式、消除拥堵、提高道路利用率；装备自动驾驶系统的汽车，综合能耗较常规汽车降低10%，减少排放量20%，减少交通事故数80%，基本消除交通死亡。在《中国制造2025》后，工信部、国家发改委、国家测绘局等相关部委出台多项政策，从智能车、网联化、智能制造、地图信息采集、大数据等多个方面促进智能汽车的发展。

2020—2030年是自动驾驶发展的"黄金十年"，政策驱动下全球自动驾驶技术有望快速发展。2020年2月28日，国家发改委等11个国家部委联合印发了《智能汽车创新发展战略》（以下简称战略），提出了2025年实现有条件智能驾驶汽车的规模化生产（L3级），2035年全面将建成中国标准的智能汽车体系的愿景。战略指出发展核心技术、完善基础设施建设、完善相关法律法规体系等智能汽车发展的主要任务，并宣布了加强组织实施、完善扶持政策等保障举措。该战略表明国家中央层面发展智能汽车的决心和方向，利好智能汽车产业链发展。美国和欧洲也推出了多项政策、法案支持自动驾驶发展。美国车联网协会预计2025—2030年大多数汽车达到全自动化，更多消费者会使用共享汽车出行。根据欧盟的自动驾驶规划，2030年有望步入全自动驾驶社会。

本章将从国内外自动驾驶发展、自动驾驶关键技术发展趋势、自动驾驶产业链市场发展分析、自动驾驶行业发展主要限制因素和风险等方面对自动驾驶行业的整体发展环境和发展趋势进行阐述。

7.2 国外自动驾驶发展

7.2.1 美国自动驾驶发展

美国在自动驾驶技术创新方面排在前列,Google、Tesla 等公司在自动驾驶方面起到引领作用,同时也反映了自动驾驶技术发展紧密依赖美国一些基础研发能力强大的高科技公司的现状。美国自动驾驶行业的行业合作伙伴关系是全球非常好的,研发中心和开发公司数目都位居前列,共有 163 家自动驾驶技术公司总部在美国,这一数字远超德国(只有 22 家),美国在自动驾驶领域的投资、世界经济论坛对技术可用性和创新能力的评级等都是位居前列。

资料显示,美国将驾驶自动化技术作为交通领域的重点发展对象,并从国家层面进行战略布局。2013 年以来美国陆续公布了系列自动驾驶顶层设计文件。2013 年,美国国家公路交通安全委员会(NHTSA)首次发布指导性文件《关于自动驾驶汽车的初步政策》,提出了对各州自动驾驶汽车立法的建议;2015 年,美国交通运输部发布《美国智能交通系统(ITS)战略计划 2015—2019 年》,明确了美国 ITS 战略升级为网联化与智能化的双重发展战略;2016 年美国公布《联邦自动驾驶汽车政策》,提出将安全监管作为核心内容,2017 年以来又先后发布《自动驾驶系统 2.0:安全愿景》以及《自动驾驶汽车 3.0:准备迎接未来交通》,以积极促进自动驾驶技术的应用,这些政策不仅向行业提供指导,还给各州提供了技术援助和建议措施。

根据美国交通部网站信息,2020 年 1 月,美国交通部发布《自动驾驶车辆 4.0》(简称 AV4.0 计划),该计划提出保护安全、促进创新和统一监管政策的技术原则,并汇总了 38 个联邦部门、独立机构、委员会和总统行政办公室在推动自动驾驶发展方面的努力,以确保美国在自动驾驶技术领域的领先地位。业内认为 AV1.0~AV4.0 的升级过程体现美国愈发重视自动驾驶技术,并着力推动自动驾驶汽车产业化进程。

美国车联网协会对自动驾驶发展的预测如表 7-1 所示。2025—2030 年,大多数汽车达到全自动化,更多消费者会使用共享汽车出行。2045 年,所有车辆均达到自动化,可能以社区为单位进行汽车共享。

表 7-1 美国车联网协会对自动驾驶发展的预测

时间/年	内容
2025—2030	大多数汽车达到全自动化,更多消费者会依靠共享汽车出行
2045	每个人都会使用共享乘车服务,可能是以社区为单位进行汽车共享,所有的车辆均达到自动化

7.2.2 欧洲各国自动驾驶发展

欧洲国家也纷纷加快智能网联汽车布局,推动自动驾驶相关法案制定。根据欧盟交通部信息,欧盟于 2015 年发布了《欧洲自动驾驶智能系统技术路线》,提出了欧洲自动驾驶发展战略如表 7-2 所示。

表 7-2 欧洲自动驾驶规划

时间/年	规 划
2020	(1) 在高速公路上实现自动驾驶,在城市中心区域实现低速自动驾驶 (2) 部分 L3 级及 L4 级的自动驾驶汽车投放市场 (3) 乘用车及轿车可在高速公路上实现自动驾驶(L3 级及 L4 级),可在市区实现低速场景下的自动驾驶,例如垃圾车(与人一起工作)、代客泊车(车辆自己驶入停车场)等 (4) 公共车辆,尤其是城市班车和小型载人、载物车等,可在部分低速场景下实现自动驾驶(L4 级)
2022	所有新车都将具备通信功能,实现"车联网"
2030	步入完全自动驾驶社会

注:资料来源于《中国汽车报》,华泰证券研究

德国是自动驾驶技术进展最快的国家之一,2017 年,德国通过首部关于自动驾驶汽车的法律《道路交通法》第八修正案,允许驾驶员双手离开方向盘测试,德国还推出了关于自动驾驶的首套伦理道德标准,《道路交通法》有望促进大众、戴姆勒和宝马等德国车企对自动驾驶的研发投入。同时,根据欧盟交通部,欧盟于 2015 年发布了《欧洲自动驾驶智能系统技术路线》,提出了欧洲自动驾驶发展战略。

英国高度重视自动驾驶的应用和安全问题。2014 年,英国政府设立了 2 亿英镑的专项基金来推动英国自动驾驶技术的研究、开发与部署工作。该基金在 2015 年起的 3 年内,在英国的 4 个城市(米尔顿凯恩斯、格林尼治、布里斯托、南格洛斯特郡)同期推进 3 个自动驾驶示范项目:Autodrive、GATEway 和 Venturer,试图解决自动驾驶的技术、商业模式、法律、保险以及产业化应用等问题。2017 年,英国发布《汽车技术和航空法案》,该法案旨在辅助英国实现转型定位,使其成为超低排放、自动驾驶及自动驾驶车辆的全球研发地,并更新了保险条例以迎合自动驾驶技术的相关需求。2017 年 8 月,英国运输部和国家基础设施保护中心发布《联网和自动驾驶汽车网络安全关键原则》,内容涉及个人数据安全、远距离汽车控制等各项技术的基础原则,确保智能汽车的设计、开发及制造过程中的网络安全与信息安全。为推动自动驾驶技术发展,在 2018 年英国政府通过了《自动化与电动化汽车法案》,鼓励整车厂和零部件供应商展开自动驾驶研发工作。

法国政府大力推动自动驾驶发展。早在 2014 年,法国就公布了自动驾驶汽车路线图,政府投资 1 亿欧元在接下来的三年内开展自动驾驶汽车测试。2016 年 8 月,法国通过了允许自动驾驶汽车道路测试的法令,对测试路段和测试等级有明确要求。2018 年法国政府部门与汽车行业龙头签署《2018—2022 年汽车行业的战略协议》,该协议鼓励测试自动驾驶车辆,并设立了一个 1.35 亿欧元的基金支持研发。

此外,荷兰、瑞典等国也在积极推动自动驾驶相关立法工作。欧洲多个国家均推出政策法规以促进行业发展,目标是 2030 年步入完全自动驾驶社会,力争未来在自动驾驶领域占据一席之地。

7.2.3 日本自动驾驶发展

《2017官民ITS构想及线路图》中,日本明确了自动驾驶技术的推进时间表:2020年左右实现高速公路L3级的自动驾驶、L2级的卡车编队自动驾驶以及特定区域L4级的自动驾驶,到2025年实现高速公路L4级的自动驾驶。

日本于2018年3月和2018年9月分别发布了《自动驾驶相关制度整备大纲》和《自动驾驶汽车安全技术指南》,分别就L3级自动驾驶事故责任和L3、L4级自动驾驶的安全条件做出明文规定。《自动驾驶相关制度整备大纲》最引人注目的是界定L3级自动驾驶(有驾驶员乘坐状态以及有条件的自动驾驶)发生事故时的责任。原则上由车辆所有者承担,即自动驾驶汽车和普通汽车同等对待,企业的责任仅限于汽车系统存在明显的缺陷。黑客入侵导致事故的赔偿与被盗车辆导致的事故损害适用政府的救济制度,条件是车辆所有者已更新系统等并采取了安全举措。为了便于事故责任的认定,要求车辆必须安装行车记录仪。明确事故责任有助于完善后续相关的赔偿及保险制度,增强了民众对自动驾驶的认可度。另外,目前还未界定企业或程序开发者是否承担刑事责任,刑事责任的认定与商业化的接受度关系重大。

《自动驾驶汽车安全技术指南》中,日本国土交通省针对的是搭载L3、L4级自动驾驶系统的乘用车、卡车及巴士。目标是打造一个由自动驾驶系统引发的人身事故为零的社会。为此,列出了自动驾驶汽车所应满足的一系列安全条件,主要分为10项,分别是设计运行范围(ODD)的设定、自动驾驶系统的安全性、安保标准、人机交互、搭载数据记录装置、网络安全、用于无人驾驶移动服务的车辆安全性、安全性评价、使用过程安全、向自动驾驶汽车使用者提供信息。明确了搭载L3、L4级自动驾驶所必须遵循的安全技术条件,可以使得L3、L4级自动驾驶产业链相关企业明确产品所要达到的安全指标,促进汽车厂商对自动驾驶汽车的进一步开发,并主导国际话语权,使自动驾驶更加健康有序地发展。

7.2.4 新加坡自动驾驶发展

新加坡在自动驾驶的立法政策等方面排名第一,反映了新加坡社会治理在全球各国中的先进性。新加坡陆路运输管理局(LTA)在安全放在首位的前提下,允许车企在低流量普通道路上进行自动驾驶试验,通过路测实验确保自动驾驶有效性后可以逐步过渡到繁忙交通环境中,同时要求参与实验者记录所有参测自动驾驶车辆运行数据,以备事故调查和确定赔偿责任使用。

目前新加坡全城实际上都是自动驾驶的测试区域,所有居民都可以亲身感受自动驾驶技术的推进情况,在消费者接受度上新加坡排名全球第一。与包括荷兰在内的许多发达国家相比,新加坡在自动驾驶方面对新技术都是比较包容开放的。新加坡的强项主要在基础设施方面,该国拥有极高的道路质量和移动网络质量,缺点是电动汽车充电站密度较低。新加坡在自动驾驶方面的主要不足在于技术研发实力较弱。

7.3　国内自动驾驶政策环境与发展规划

毕马威 2018 年自动驾驶研究报告显示：中国综合排名虽然只排全球第 16 位，但中国在自动驾驶方面的发展情况其实远好于其后的四个国家（巴西、俄罗斯、墨西哥、印度）。中国自动驾驶产业链完整程度居世界首位，研发能力强劲，比如拥有先进的传感器技术、自动驾驶芯片优化技术，在计算机视觉、语音识别和路径优化方面拥有全球领先的人工智能技术、汽车物联网通信技术等。中国正在封闭式住宅区和物流园区的无人送货车和高速自动卡车等领域进行积极的试点和部署。中国拥有仅次于荷兰的电动充电桩密度和全球领先的 5G 覆盖。中国在自动驾驶方面的弱势主要包括：①中国自动驾驶行业的公司总部、专利和投资数量都非常少；②适宜进行自动驾驶的道路条件和提供技术支撑的基础设施严重落后；③中国虽然人口众多，相应的自动驾驶接受度也很高，但测试区域覆盖范围太小，能接触到自动驾驶的人口数量极少。

2020—2030 年是世界范围自动驾驶发展的"黄金十年"，政策驱动下全球自动驾驶技术有望快速发展。我国对自动驾驶汽车有分阶段的具体规划，2016 年中国汽车工程协会正式对外发布了自动驾驶领域技术标准——《节能与新能源汽车技术路线图》。根据路线图目标明确，中国力争至 2030 年实现拥有完全自动驾驶汽车规模达 3800 万辆。从时间节点来看，路线图明确制定了我国自动驾驶汽车发展的三个五年阶段需要达成的目标，其中 2020 年是关键节点。我国相关政策如表 7-3 所示。

表 7-3　2017—2019 年我国自动驾驶主要相关政策发布情况

时间	内容名称
2017-12-13	《促进新一代人工智能产业发展三年行动计划（2018—2020 年）》
2017-12-18	《加快推进自动驾驶车辆道路测试有关工作的指导意见（北京市）》
2017-12-26	《加快科技创新培育新能源智能汽车产业的指导意见》
2017-12-26	《智能汽车关键技术产业化实施方案》
2017-12-29	《国家车辆网产业标准体系建设指南（智能网联汽车）》
2018-1-5	《智能汽车创新发展战略（征求意见稿）》
2018-4-11	《智能网联汽车道路测试管理规范（试行）》
2018-6-27	《车辆网（智能网联汽车）直连通信使用 5905～5925MHz 频段的管理规定（征求意见稿）》
2018-12-27	《车辆网（智能网联汽车）产业发展行动计划》
2019-5-15	《2019 年智能网联汽车标准化工作要点》

2015 年国务院发布《中国制造 2025》，将自动驾驶作为汽车产业未来转型升级的重要方向，制定了明确的技术发展时间线（2025 年实现 L4、L5 级别的自动驾驶），提供配套政策支持，推动产业集聚区和应用示范区的落地，逐步实现关键技术和产品的自主化、标准化，推动国内自动驾驶产业良性发展。

2018年1月,国家发改委发布了《智能汽车创新发展战略(征求意见稿)》,该意见稿制定了到2035年的智能汽车创新发展的三阶段愿景时间表。无人车路测新规《自动驾驶汽车道路测试管理规范(试行)》发布,意味着无人驾驶可以通过真实路况测试收集优化无人驾驶系统,以应对各种复杂路况,并加快其商用化进程。

2018年4月,工信部、公安部、交通部三部委联合发布了《智能网联汽车道路测试管理规范(试行)》,是我国各地具体组织开展智能网联汽车道路测试工作的指导性文件。

2020年2月,国家发展改革委员会等11部委联合印发了《智能汽车创新发展战略》,提出了2025年实现有条件智能驾驶汽车(L3级)的规模化生产,2035年将全面建成中国标准的智能汽车体系的愿景(见表7-4)。

表7-4 中国智能汽车创新发展愿景

时间/年	愿景目标
2025	(1) 基本形成中国标准智能汽车的技术创新、产业生态、基础设施、法规标准、产品监管和网络安全体系 (2) 实现有条件自动驾驶的智能汽车规模化生产 (3) 实现高度自动驾驶的智能汽车在特定环境下市场化应用 (4) 取得智能交通系统和智慧城市相关设施建设的积极进展 (5) 实现车用无线通信网络区域覆盖 (6) 逐步开展新一代车用无线网络在部分城市、高速公路的应用 (7) 实现高精度时空基准服务网络的全覆盖
2035	(1) 全面建成中国标准智能汽车体系 (2) 逐步实现智能汽车强国愿景

注:资料来源于工信部,华泰证券研究所

《汽车驾驶自动化分级》标准自2017年起由全国汽车标准化委员会组织国内外十余家单位共同探讨、完成编制,2020年3月9日,工信部在官网公示《汽车驾驶自动化分级》推荐性国家标准报批稿,公示日于2020年4月9日截止,且于2021年1月1日开始实施。《汽车驾驶自动化分级》制定了我国的自动驾驶分类标准,规定了汽车驾驶自动化系统的分级原则和技术要求,为后续出台自动驾驶相关的法律法规提供了依据,为企业发展自动驾驶提供了准绳,有利于加速自动驾驶行业的发展(见表7-5)。

表7-5 国家对自动驾驶汽车分阶段具体规划

阶段	时间/年	国家发展规划
起步期	2020	汽车产业规模达3000万辆,驾驶辅助/部分自动驾驶车辆市场占有率达到50%
发展期	2025	汽车产业规模达3500万辆,高度自动驾驶车辆市场占有率达到约15%
高速发展期	2030	汽车产业规模达3800万辆,完全自动驾驶车辆市场占有率接近10%

国际自动驾驶分级标准大多采用 SAE 分级标准。L3 级（有条件自动驾驶）是自动驾驶的分水岭。美国 L3 级自动驾驶规定驾驶者可以放开手、不用眼，但不能深度休息，而国内有条件自动驾驶标准是在某些特定场景下，可以放开手、不用眼。由于 L3 级自动驾驶量产尚需法规出台，L4、L5 级的自动驾驶需要 AI 技术突破才有可能商用化，短期推出 L2＋高级驾驶辅助系统的车型成为国内外车企的首选。目前国内自主车企把驾驶辅助和智能驾驶舱作为差异化的核心产品，而国内合资稍显落后。为了提升产品竞争力，国内合资和自主车企都会加快提升辅助驾驶和智能驾驶舱的配置，ADAS（Advanced Driving Assistance System，高级驾驶辅助系统）产业链和智能驾驶舱产业链有望快速发展。

当前自动驾驶相关政策不断出台，行业标准逐渐确立，国内自动驾驶产业即将实现标准化、自主化，自动驾驶行业发展正在加速。自动驾驶技术迅速发展也将倒逼相关政策法规不断更新改进。自动驾驶产业链分为感知、决策、执行三个环节。从 ADAS 到自动驾驶，超声波雷达、毫米波雷达、激光雷达、摄像头等感知领域硬件需求增加，达到 L3 级后单车感知硬件需求趋于稳定。随着自动驾驶级别提升，芯片算法供应商也有望迎来快速增长。在利好政策、技术进步和市场需求驱动下，我国车联网产业进入"快车道"，预计到 2025 年中国车联网市场空间将达到 2190 亿元。

《智能汽车创新发展战略》指出发展核心技术、完善基础设施建设、完善相关法律法规体系等智能汽车发展的主要任务，并宣布了加强组织实施、完善扶持政策等保障举措。该战略表明了国家中央层面发展智能汽车的决心和方向，将会极大刺激智能汽车产业链的健康发展。

中国《智能汽车创新发展战略》提出的战略目标：到 2025 年，中国标准智能汽车的技术创新、产业生态、基础设施、法规标准、产品监管和网络安全体系基本形成，实现有条件自动驾驶的智能汽车规模化生产，实现高度自动驾驶的智能汽车在特定环境下市场化应用。智能交通系统和智慧城市相关设施建设取得积极进展，车用无线通信网络（LTE-V2X 等）实现区域覆盖，新一代车用无线通信网络（5G-V2X）在部分城市、高速公路逐步展开应用，高精度时空基准服务网络实现全覆盖。2035—2050 年，中国标准智能汽车体系全面建成。

按照《智能汽车创新发展战略》，目前中国智能汽车发展的主要任务包括（见表 7-6）：① 构建协同开放的智能汽车技术创新体系：其中包括突破关键基础技术（主要包括复杂系统体系架构、复杂环境感知、智能决策控制、人机交互及人机共驾、车路交互、网络安全等基础前瞻技术）、完善测试评价技术并开展应用示范网点；② 构建跨界融合的智能汽车产业生态体系：主要包括增强产业核心竞争力、培育新型市场主体、创新产业发展形态、推动新技术转化应用；③ 构建先进完备的智能汽车基础设施体系：主要包括推进智能化道路基础设施规划建设、推动 5G 与车联网的协同建设、建设广泛覆盖的车用无线通信网络、建设覆盖全国的车用高精度时空基准服务能力、建设覆盖全国路网的道路交通地理信息系统、建设国家智能汽车大数据云控基础平台等；④ 构建系统完善的智能汽车法规标准体系：包括健全法律法规、完善技术标准、推动认证认可等；⑤ 构建科学规范的智能汽车产品监管体系：包括加强车辆产品管理（准入、检验、登记、召回等）及车辆使用管理（包括智能汽车标识、身份认证等）；⑥构建全面高效的智能汽车网络安全体系：包括完善安全管理联动机制、提升网络安全防护能力、加强数据安全监督管理等。

综上所述，《智能汽车创新发展战略》是推动中国自动驾驶汽车技术发展和行业规范化运营的纲领性文件，有利于产业上下游在共同的战略框架和发展路径上协调一致，提升全行业的研发效率，共同基础设施建设从而降低全行业成本，打造中国模式的自动驾驶生态系统，努力在自动驾驶领域中建立中国技术标准和发展模式。

表 7-6 中国智能汽车发展的主要任务

目标体系	主要任务
构建协同开放的智能汽车技术创新体系	突破关键基础技术 完善测试评价技术 开展应用示范试点
构建跨界融合的智能汽车产业生态体系	增强产业核心竞争力 培育新型市场主体 创新产业发展形态 推动新技术转化应用
构建先进完备的智能汽车基础设施体系	推进智能化道路基础设施规划建设 推动5G与车联网的协同建设 建设广泛覆盖的车用无线通信网络 建设覆盖全国的车用高精度时空基准服务能力 建设覆盖全国路网的道路交通地理信息系统 建设国家智能汽车大数据云控基础平台
构建系统完善的智能汽车法规标准体系	健全法律法规 完善技术标准 推动认证认可
构建科学规范的智能汽车产品监管体系	加强车辆产品管理 加强车辆使用管理
构建全面高效的智能汽车网络安全体系	完善安全管理联动机制 提升网络安全防护能力 加强数据安全监督管理

注：资料来源于工信部，华泰证券研究所

7.4 自动驾驶关键技术发展趋势

智能化汽车是集环境感知、规划决策、执行控制、多等级辅助驾驶等功能于一体的综合系统。对于智能化汽车的研究，需要对计算机、现代传感、信息融合、通信、人工智能及先进自动控制等多个高新技术进行综合利用。以下简单阐述自动驾驶关键技术方面的发展现状和发展趋势，寻找未来技术的突破点，分析这种突破对于整个自动驾驶将带来怎样的影响。

汽车智能化的技术主要分为感知、规划、决策和控制等部分。在感知和信息获取层面上，主要有车载式和网联式两种。在智能化发展的前期，通常不考虑车-车、车-路通信，自动化车辆的智能控制依赖于车载的雷达、摄像头等信息。车载式方案的局限性主要表现在不能充分获取周边行车环境信息，大规模应用成本较高，缺少城市环境的全方位扫描。而随着自动化水平的加深，尤其在高度自动化和完全无人驾驶阶段，汽车自主驾驶的需求和日益复杂的道路交通环境使得车辆对周边环境有了更高的需求。交通系统的智能化和汽车的网联化为填补这样的需求空间提供了可能。在智能交通系统和车联网中，依托高速通信设施和统一的通信协议，车辆能够充分感知和理解周边复杂的交通环境、道路地理信息、周边车辆信息及行人信息，进而可以实现自主规划和决策。汽车网联化带来的机遇有助于汽车对于外界信息充分获取。

下面分别从传感感知、决策与控制、辅助平台与技术3个方面进行阐述。

7.4.1 传感感知

据法国行业研究公司 Yole 测算，未来数年，传感器市场规模将进入高速发展期。其中，激光雷达、IMU、摄像头排名前三。激光雷达厂商正在由研发机械式激光雷达向固态激光雷达方向转变；毫米波雷达厂商试图用毫米波雷达取代激光雷达；新技术的应用使以上激光雷达和毫米波雷达两个领域机会仍存，如 FMCW 技术，主要采用该技术的 Blackmore 已被 Aurora 收购。由于感知层的摄像头、激光雷达、毫米波雷达、超声波雷达等各类传感器各有优缺点和适用场景，因此在高等级自动驾驶的实现过程中，多传感器融合成为必然趋势，也就是将各类传感器获取的数据信息集中在一起综合分析，以求更加准确描述外部环境，为车辆进行决策打下基础。各类传感器能否有效融合，融合后数据是否准确，都为自动驾驶感知提出新挑战。

在环境感知领域，凭借技术路线较多和市场规模庞大的优势，国内创业公司过去几年中一直相对集中在激光雷达和毫米波雷达两个领域。这两个领域还吸引了大疆、华为等巨头公司的参与。目前，诸多中国企业凭借高性价比和定制化服务在该领域已经占有一席之地，推出一系列性价比较高的产品，并产生稳定营收。在 2020 年初的 CES 上，禾赛科技发布超广角短距激光雷达 PandarQT，最小可探测距离为 0.1m，水平视场角保持 360°的同时垂直视场达到 104.2°，64 线的零售价为 4999 美元。速腾聚创展示了全球首款集成 AI 感知算法和 SoC 芯片的 MEMS 智能固态激光雷达 RS-LiDAR-M1Smart。大疆发布两款 L3/L4 自动驾驶的激光雷达 Horizion 和 Tele-15，前者售价 6499 元，后者售价 9000 元。地平线展示了基于征程二代车规级 AI 芯片的 Matrix 2 自动驾驶计算平台，性能方面装配有 16TOPS 的等效算力，功耗为 Matrix 1 的 2/3。

仅凭环境感知并不能保证自动驾驶车辆的绝对安全。2018 年 3 月，Uber 自动驾驶车在路测过程中撞死一名行人，造成全球首例自动驾驶致行人死亡事故，震惊了行业内外。事故主要原因之一归因于自动驾驶车频繁更改目标识别结果，即便是低等级自动驾驶，也不能只凭借视觉传感器百分之百正确感知周围环境，特斯拉 Autopilot 的多起事故就起因于此。

因而,车辆运动感知对自动驾驶安全有同等的重要性。为精准确定车辆自身位置,并为自动驾驶汽车精确理解自身定位提供依据,高精度定位模块是不可或缺的,而且必须达到厘米级的精度。通常高精度定位系统由 4G/5G 模块、RTK 接收机和 IMU 组成。传统 GNSS 单点定位精度为米级,但在 RTK 技术的辅助下,GNSS 定位系统的精度可达动态厘米级,满足高等级自动驾驶需求。考虑到星况变化情况,仅靠 GNSS 仍无法应对多种极端场景。此时,惯性导航系统 IMU 作用凸显。其测量方法不依赖外界,在 GNSS 信号丢失的情况下,车辆依旧能够准确定位,稳定高频输出信号,短期精度较高。基于此,以 GNSS+IMU 的高精度定位传感器为基础,综合考虑周围环境特征的方案将越来越受欢迎。

2019 年,千寻位置、戴世智能、导远科技等定位服务提供商均完成新一轮融资。未来,各家自动驾驶公司对高精度定位模块的需求将向趋同化发展。亿欧汽车认为,该领域存在诸多发展机会。

7.4.2 决策与控制

决策与控制是汽车实现自主驾驶的核心部分,其中规划与决策的目的是对采集的信息进行进一步处理,根据所获取的信息进行规划和决策,实现辅助驾驶和自主驾驶。

1) 决策和控制方法

从实际工程方法来看,决策与控制主要分为基于人工启发式和自主学习式的决策与控制方法。目前传统车辆一般采用人工启发式的控制器,其中大部分控制系统主要依赖于确定的规律或规则表。这种方法工程应用性好,但是控制结构简单,只能处理预期之内的结果。而随着汽车自动化水平的加深,对车辆自主决策能力提出了新的要求,汽车不仅需要在某个具体工况进行规划决策,如超车、巡航、跟车等单一工况,还需要有在线学习能力以适应更加复杂的道路交通环境和不可预期工况,而这种能力也是实现无人驾驶不可或缺的能力。同时,现有的汽车控制系统,运行一段时间之后,部件老化、磨损等问题使得出厂时的标定参数不再处于最优状态,导致控制性能下降。汽车的"自主"也可以体现在自我维护和调整上,汽车自动控制系统也需要结合智能算法,基于汽车行驶数据、性能评价进行智能整定(自标定)、诊断和维护。考虑以单一车载控制系统为核心的计算单元已不再满足实时计算的要求,通过人工智能(状态机、决策树、深度学习、增强学习等)、大数据技术、云计算由计算机自动完成决策的方法也逐渐受到人们关注。

2) 人机交互与驾驶权分配

随着汽车辅助驾驶与自动化驾驶技术的不断发展,汽车与驾驶员之间的关系变得十分复杂,各种基于环境信息感知的车辆主动控制系统与性格各异的驾驶员共同构成了对智能汽车的并行二元控制,人-车之间形成了一种动态交互关系。虽然汽车的智能化已经得到很大发展,但是真正意义上的无人驾驶在短期内也很难实现,因此在未来很长一段时期内,智能汽车仍然面对人-车共同控制的局面。随着汽车自动化程度的提高和自主决策权限的扩大,车的意图和人的意图必然出现耦合和与制约关系。同时,不同于其他的工业产品,汽车作为个性化需求较强的产品,用户对于汽车自主决策和控制的接受度是衡量汽车价值的一个重要指标,因此建立人性化、个性化的汽车智能控制系统,实现人-车-环境整体性能最优是智能汽车技术发展过程中必须和亟待解决的关键问题。与车辆的精细化感知、控制能力相比,人的驾驶行为具有模糊、退化、个性化等特点;而车辆对比人而言,学习能力相对较弱,对于未知复杂工况的决策能力较差。因此,人机交互及人机共驾存在两个任务分割层次:一是驾驶员与机器控制的驾驶权切换;二是驾驶员与机器控制的驾驶权融合。从驾驶权切换的角度来讲,切换的时机、切换的平稳性、切换时驾驶员的适应性和接受性是需要解决的关键问题。而从驾驶权融合的角度进行分析,需要着重考虑机器控制对人操纵的干扰、机器控制对人驾乘体验的影响及驾驶员对控制系统的干扰。因此,人机交互与驾驶权分配问题中主要涉及人机动力学一体化建模方法、人机共驾、代驾策略、人机交互失效补偿方法、人-车-环境闭环系统的运动稳定性理论及评价方法等关键问题。

以逐渐提高汽车自动化水平为目的的技术路线是汽车企业推动智能化进程的主要思路。从汽车技术的角度看,汽车自动化程度不断提高,向着辅助驾驶、半自动化驾驶、高度自动化驾驶和完全自动驾驶的智能化方向发展。

在辅助驾驶阶段,车辆控制以驾驶员为主,机器辅助驾驶员,降低驾驶负担。而从驾驶权或者驾驶意图来看,驾驶员掌握最终的驾驶权。目前量产乘用车上装有的辅助驾驶技术,有侧向稳定控制、电动助力转向控制,部分高档车装有自动泊车、自适应巡航、车道偏离预警系统等。在半自动化驾驶阶段,车辆的自动化水平得到进一步提高,在特定工况下可以有短时托管的能力,此时,汽车具有一定的自主决策的能力。目前,各大汽车公司投入巨资开发具有特定工况(低速)托管能力的半自动驾驶技术,有防撞紧急制动、手机遥控泊车、拥堵跟车、车道跟踪控制技术等。在高度自动化驾驶阶段和最终的完全自动驾驶阶段,车辆具有高度的自主性,汽车可以进行自主规划、决策和控制,可以实现复杂工况的托管能力甚至完全自动驾驶。

汽车智能化伴随着汽车电子技术的发展而形成,其中最显著的变化是电子控制单元(ECU)在整车开发过程中所占的比例。汽车电子技术第一次出现是在20世纪30年代早期安装在轿车内的真空电子管收音机,那时汽车仍然是完全由人操控。随着科技的进步,微型计算机逐渐应用于汽车的各子系统中,用以弥补人类驾驶员的不足,帮助其更好地完成驾驶任务,同时提高驾驶安全性、舒适性及燃油经济性。现如今,各大汽车厂商已经为其生产的汽车配备了各种各样的驾驶辅助系统,而此时,汽车电子成本已占汽车总成本的45%以上。不难看出,智能化也已经成为未来汽车的发展方向之一,而这条发展路线的最终目标将是实现完全自动驾驶。

7.4.3 辅助平台与技术

1) 信息安全技术

汽车网联化带来更好的应用体验和智能化的可能性,同时也带来了新的互联网连接方面的安全风险。从技术角度分析,汽车网络在设计时没有考虑信息安全问题,而控制汽车的电子控制单元逐渐增多,攻击点变多。汽车信息系统已成为汽车行业的一个重要发展领域,该问题的解决也是汽车智能网联化实现的一道门槛。信息安全技术，包括汽车信息安全建模技术、数据存储、传输与应用三维度安全体系、汽车信息安全测试方法、信息安全漏洞应急响应机制等。360智能网联汽车信息安全实验室曾发布《2016年智能网联汽车信息安全报告》，提出智能网联汽车面临的7种安全威胁及主要攻击方法和必要防范措施。报告指出智能网联汽车遭受的信息安全威胁主要包括汽车远程通信服务提供商(TSP)安全威胁、APP安全威胁、车载T-Box(telematics box)安全威胁、车载信息娱乐系统(IVI)安全威胁、Can-bus总线安全威胁、ECU安全威胁、车内通信安全威胁等。

2) 技术法规及验证平台

随着汽车智能化进程的不断深入，尤其是面对网联化的新机遇，推动建立智能驾驶辅助技术标准体系、多网融合的测试评价与标准及V2X通信技术标准体系已经成为亟待解决的问题。例如，在1968年通过的《维也纳道路交通公约》中，有一项是关于车辆自动驾驶技术的规定：驾驶员应一直控制其车辆或指引畜力，且驾驶车辆的职责必须由人类驾驶员负责，而这一规定限制了汽车自主决策和控制。因此，在联合国(UN)框架范围内，道路安全论坛（即道路交通安全工作组，简称WP1）近年致力于对这一规定的修订。该修订案于2016年3月22日正式生效。这项修订案明确规定：在全面符合联合国车辆管理条例或者驾驶员可以选择关闭该技术的情况下，将驾驶车辆的职责交给自动驾驶技术可以被允许应用到交通运输当中。

在技术示范应用和验证平台方面，以往汽车安全技术试验多被限制在较小试验场地进行单一工况测试。而随着智能化程度的加深，单一工况的测试和相对简单的基础设施和验证平台已不能满足智能汽车技术示范应用和产业化的需求。此外，V2X技术需要车辆与其他车辆、交通基础设施、自行车等进行通信以获得多种信息，无论对试验场地大小还是对工况复杂程度，都提出了较高要求。基于此原因，需要建立封闭的智能网联试验区域，即建立足够长的真实道路并包含尽量丰富的工况，其中的道路基础设施配备统一标准的通信设备，试验车辆也采用统一的通信方式。因此，试验道路基础设施建设及智能化技术验证平台开发也是需要重点关注的领域。

目前，汽车智能化有两条不同的技术路线：一条是以汽车企业为主的渐进提高汽车驾驶自动化水平；另一条是以科研院所和IT企业为主的无人驾驶技术发展路线。

南京理工大学、北京理工大学、清华大学、中国科学院合肥物质科学研究院、西安交通大学、军事交通学院、上海交通大学、湖南大学等院校在无人驾驶车辆关键技术方面取得一系列研究进展。2016年10月，国内首款自动驾驶电动车在杭州云栖小镇驶出。2019年9月，首批45辆百度Apollo与一汽红旗联合研发的"红旗EV"Robotaxi自动驾驶出租车车队开始在长沙部分已开放测试路段进行试运营。2020年10月，百度自动驾驶出租车服务在北京全面开放，用户可在北京市内数十个自动驾驶出租车站点体验免费试乘服务。2021年，湖北省在武汉经济开发区启动自动驾驶领航项目，拟投入200辆自动驾驶出租车，建立自动驾驶示范运营车队和自动驾驶运营示范区。从这些研究机构和科研院所取得的研究成果来看，中国无人驾驶技术已经取得了很大进展，但是目前面临的困难还有很多，技术水平不足、关键零部件依赖进口、政策法规不完善等问题较为突出，我国典型自动驾驶车型功能与配置亮点如表 7-7 所示。

表 7-7 国内典型自动驾驶车型功能与配置亮点

车型名称	自动驾驶级别	特色功能	配置
Marvel X Pro	L3 级	最后 1km 自动泊车	3 个毫米波雷达、12 个超声波雷达、FCW 前向碰撞报警系统、AEB 自动紧急刹车系统、LDP 车道偏离干预系统、ADAS 系统（前向提醒及控制）和 RDA（后向驾驶辅助）等系统
Uni-T	L3 级	高速公路驾驶辅助功能	5 个毫米波雷达、6 个摄像头、12 个超声波雷达、TJP（拥堵自动驾驶）、ADAS（高级驾驶辅助）功能
Aion LX	L3 级	高速变道辅助驾驶、自动泊车	高精度雷达、Mobileye Q4 摄像头双探测硬件组合、高速公路变道辅助、自适应巡航、交通拥堵辅助、主动刹车、自动泊车、车道保持、360°全景影像、自动驻车。选装高速公路驾驶辅助、高精地图、自适应巡航
哈弗 F7x	L2+级	智能交通辅助、智能自动泊车、S 型车道保持	77GHz 毫米波雷达、智能前视相机、前后 12 颗超声波雷达、ACC 自适应巡航系统、ICA 智能巡航辅助、TJA 交通拥堵辅助、TSR 交通限速识别、智能远近光辅助等
Icon	L2+级	APA 自动泊车系统、540°全景透视影像	装有 12 颗雷达和 4 颗高清摄像头，具有 APA 自动泊车系统、AEB 城市预碰撞影像系统、540°全景透视影像、底部 180°监测、360°高清行车记录仪、ICC 智能领航系统、LKA 车道保持辅助系统、SLIF 速度限制提醒系统、IHBC 智能远光灯控制系统、BSD 盲点监测
秦 Pro EV	L2+级	开发者版最高可达到 L4 级别自动驾驶水平（配备 AutoX 激光雷达和 xFusion 技术）	停走型全速自适应巡航系统、弯道速度控制系统、主动式车道保持系统、车道偏离预警系统、交通标志智能识别系统、预测性碰撞报警系统、智能远近光灯

虽然无人驾驶技术已得到长期的关注和研究且已取得较大发展，但从实际推广和大批量应用的角度来看，无人车要想成为人类交通工具，将面临法律、事故责任、驾驶乐趣等问题。但无人驾驶技术在汽车智能化进程各阶段可发挥重要作用，如无人驾驶技术中的传感感知、车道跟踪、路径优化、主动避障等场景化的功能和技术，可以移植到渐进式发展路线中的特定阶段中。

7.5 自动驾驶产业链市场发展分析

2020—2021年,国内车企在开始推出L3级的高端车型彰显研发实力,但真正实现量产还有待相关法规推出。国内L3级量产车型在2020—2021年推出,L2+级辅助驾驶渗透率有望进一步提升。目前各车企高端的车型已经基本实现L2级辅助驾驶的配置,未来高级自动驾驶系统渗透率有望进一步提升。2020—2021年有可量产L3级车型推出,2025年左右推出完全自动驾驶L5级。2020年,长安汽车推出了可量产L3级车型Uni-T;广汽集团推出了可量产L3级车型Aion LX;上汽集团将要推出L3级量产车型Marvel X Pro;长城汽车将在2021年实现全车冗余L3级自动驾驶;吉利汽车基于浩瀚架构的个人车辆,将于2021年在结构道路实现高度自动驾驶;比亚迪已经实现L2+级自动驾驶。根据各车企的智能驾驶规划,2020年是国内L3级车型推出元年,2025年有望实现L4级的高度智能驾驶。

自动驾驶涉及极为复杂的多产业融合,除了传统整车制造以外还涉及大量新兴技术,如人工智能、大数据、物联网等,由于传统厂商难以短时间内形成相关技术研发能力,因此这给予了行业外相关技术企业进入这一巨大新兴市场的绝佳机会,自动驾驶产业链除了新型高精度传感器(Lidar)等供应厂商外,人工智能创业公司着手开发自动驾驶算法以及针对特定或通用场景的整套系统解决方案;而互联网企业基于其在数据、资金、行业所拥有的强大综合实力,希望为未来出行领域开发L4、L5级自动驾驶系统;传统厂商也看到了自动驾驶巨大的商业机会,除了通过开发ADAS模块,使其现有产品逐渐获得L1-L3级自动驾驶能力以外,其也通过自建、整体收购的形式组建自己的自动驾驶研发团队,目标是开发适应未来的完全无人驾驶产品。

7.5.1 自动驾驶要素市场发展情况

1. ADAS系统市场发展分析

ADAS是利用安装在车上的各式各样传感器(毫米波雷达、激光雷达、单/双目摄像头以及卫星导航),在汽车行驶过程中随时来感应周围的环境,收集数据,进行静态、动态物体的辨识、侦测与追踪,并结合导航仪地图数据,进行系统的运算与分析,从而预先让驾驶员察觉到可能发生的危险,有效增加汽车驾驶的舒适性和安全性。ADAS是无人驾驶的第一步,实现无人驾驶需要先普及ADAS。ADAS通常包括自适应巡航控制系统(ACC)、自动紧急制动(AEB)、智能大灯控制(AFL)、盲点检测系统(BSM)、注意力检测系统(DMS)、前方碰撞预警系统(FCW)、抬头显示器(HUD)、智能车速控制(ISA)、车道偏离告警(LDW)、汽车夜视系统(NVS)、泊车辅助系统(PA)、行人检测系统(PDS)、交通信号及标志牌识别(RSR)、全景泊车停车辅助系统(SVC)。

随着自动驾驶级别提升,驾驶辅助功能逐步增加,感知领域硬件需求和芯片算法单车价值量增加明显。有车族对驾驶便捷性和安全性的需求日益增加以及电子元器件成本的不断降低,未来中国 ADAS 会逐步向中低端市场延伸:据国家统计局的数据显示,2017 年我国汽车保有量 2.17 亿辆,但其中超过 80% 的车型为 20 万元以下中低端车型,这部分汽车几乎都未安装 ADAS 设备,市场空间巨大。相关研究报告预计,2025 年国内 ADAS 市场规模将达到 2250 亿元。自动驾驶产业链分为感知、决策、执行三个环节。从 ADAS 到自动驾驶,感知领域硬件需求增加,达到 L3 级后单车感知硬件需求趋于稳定。因此 L2+级车型渗透率提升,L3 级车型逐步量产,首先受益的是超声波雷达、毫米波雷达、激光雷达、摄像头等感知领域硬件。根据中汽协测算,2018 年中国 ADAS 行业的市场规模大约 576 亿元。根据英飞凌 2019 年年报数据,ADAS 系统汽车芯片的单车价值为:L2 级 100 美元、L3 级 400 美元、L4 级 550 美元。随自动驾驶级别提升,芯片算法供应商也有望迎来快速增长。

  ADAS 是无人驾驶必经之路。无人驾驶系统由传感器、处理器、执行器组成,其中信息处理算法最为关键。ADAS 在国内渗透率低,成长空间大。随着汽车从被动安全到主动安全,ADAS 系统需求有望迎来快速发展。预计未来 5 年 ADAS 需求量将保持 35% 左右高速增长,到 2023 年市场规模达到 1704 亿元,如图 7-1 所示。

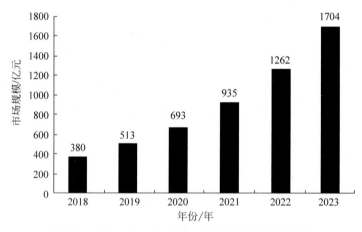

图 7-1 2018—2023 年中国 ADAS 系统市场规模测算

2. 传感器市场发展分析

  汽车传感器作为汽车电子控制系统的信息源,是汽车电子控制系统的关键部件,也是汽车电子技术领域研究的核心内容之一。传感层作为自动驾驶汽车的眼睛,是自动驾驶汽车智能性高低的关键因素。多种传感器构成自动驾驶车辆的感知系统,卫星高精度定位系统为其中之一。卫星自动驾驶的传感器主要有卫星高精度定位系统、激光雷达、视觉摄像头、毫米波雷达、超声波雷达、高精度惯导等,各具备其不同的优势和缺陷,因此通常采取多种传感器结合使用的方法。其中,激光雷达为目前自动驾驶系统中最常用的传感器之一,其相对探测精度可达到毫米级,探测距离能达到百米级,但是虽然目前设备的价格逐渐下降,其成本依然较为昂贵,不适用于未来自动驾驶车辆大规模生产。

毫米波雷达测量精度、测量距离和成本都具备优势,但其探测的角度较小,需要多个雷达完成探测,目前经常被用于车辆前端的防撞雷达。卫星高精度系统可以实现对车辆厘米级的定位,也可探测到车身的位置、航向以及速度,具备成本低、定位精度高的优势,但一定程度上精度会受到环境遮挡和电磁的干扰影响。由于具有分辨率高、抗干扰性能强、探测性能好等优点,毫米波雷达被广泛应用于自动驾驶领域。现阶段,国内 24GHz 毫米波(中短距)雷达已实现量产,77GHz 毫米波(长距)雷达实现技术突破。2018 年我国毫米波雷达出货量约为 358 万颗,同时也伴随着国产毫米波雷达芯片厂商包括厦门意行、清能华波、上海矽杰微、上海加特兰等的崛起,如 2018 年华城汽车 24GHz 后向毫米波雷达实现批产供货。

就全球的车用传感器市场规模来讲,如图 7-2 所示,2012 年是 170 亿美元,其中中国是 24 亿美元。2017 年全球车用传感器市场规模约为 384.29 亿美元,中国传感器市场规模约为 53.1 亿美元,同比增长 10.62%。2018 年中国传感器市场规模达到 59.5 亿美元的规模。近年来,中国汽车传感器市场始终保持高速增长态势。汽车产业持续快速发展、汽车产品升级步伐加快、消费者需求不断向汽车电子倾斜,成为拉动汽车传感器市场增长的"三驾马车"。

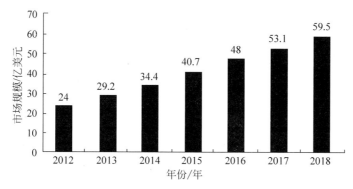

图 7-2　2012—2018 年中国汽车传感器市场规模变化情况

3. 高精地图市场发展分析

高精地图是无人驾驶的必备组件,高精地图主要有以下三大功能:地图匹配、辅助环境感知和路径规划。高精地图可以将车辆位置精准的定位于车道之上,帮助车辆获取更为准确、有效和全面的当前位置交通状况并为无人车规划制定最优路线。面向 L3/L4 甚至更高级别的自动驾驶汽车,高精地图已成刚需。

传统汽车是单独的个体,而自动驾驶汽车实现了自身与外部环境的互联互通,使得自动驾驶汽车变成了一个移动终端,而产生这一变革的关键就在于车联网技术的成熟。车联网技术使得自动驾驶汽车通过云端的高精地图实现路径规划,同时将实时路况上传,更新高精地图,从而实现车与车、车与道路基础设施的实时通信,更好的感知车、人、路的状态。并且通过本地决策与云端决策并重的方式分析雷达、MEMS 等传感器获取海量数据,然后通过执行单元控制车辆。

我国政府规定只有具备电子地图制作资质的企业才能合法制作导航电子地图,目前国内仅有20多家企业取得了导航电子地图制作甲级资质。而真正能够提供完善电子地图的只有7家,分别是四维图新、高德软件、凯立德、易图通、灵图、瑞图万方、城际高科,只有不足10家企业参与导航业务。

高精地图在无人驾驶领域具有不可替代性,且最近几年国家开始逐步放宽对地图产业发展的政策限制,地图产业的发展越来越备受重视,而地图行业涉及国家机密,政策壁垒把各类国外地图企业挡在了门外,为国内高精地图企业创造了稳定发展的契机。未来,高精地图产业有望快速发展,为中国发展无人车领域打下厚实的基础,2021年以后随着L3车型密集上市,更多的智能网联汽车会搭载高精地图,高精地图市场规模将实现快速增长,2025年中国高精地图市场规模预计达65亿元。

4. 智能驾驶舱市场发展

智能驾驶舱是智能汽车的重要组成部分。智能汽车是指通过搭载先进传感器、控制器、执行器等装置,运用信息通信、互联网、大数据、云计算、人工智能等新技术,具有部分或完全自动驾驶功能,由单纯交通工具逐步向智能移动空间转变的新一代汽车。智能汽车由车联网、智能座舱、自动驾驶三部分组成,智能座舱主要功能是舒适娱乐,包含人机交互、车载终端、智能座椅和情感设计等内容。智能驾驶舱主要构成包括车载信息娱乐系统(主要是前座中控屏)、液晶仪表盘、后座中控屏、抬头显示(HUD)、流媒体后视镜、语音控制等。智能座舱中各项功能集成整合为一个系统,在一套芯片和软件驱动下实现全部功能。据测算,2020年智能座舱的单车价值在9350元左右。

国内智能驾驶舱2025年市场空间有望突破1000亿元,2021—2025年复合增速15%。根据高工产业研究院数据,2017年智能驾驶舱6大构成为前座中控屏、后座中控屏、液晶仪表盘、HUD、流媒体后视镜、语音控制,单车价值量分别为1450元、1450元、4000元、2000元、1000元、300元,渗透率分别为70%、0.1%、10.6%、4%、1%、21%。由于中控屏大屏化趋势和整合导航等因素,2020年智能座舱的单车价值量在9350元左右,后续年降压力会抵消大屏化趋势带来的影响,价格趋于稳定。液晶仪表盘渗透率有望快速提升,由于单车价值量较大,后续可能有降价压力。HUD由于安全性等考虑渗透率提升速度慢于液晶仪表盘。语音控制渗透率有望逐步提升,逐渐成为标配。流媒体后视镜因为实用性相对弱于液晶仪表盘,渗透率有望稳步提升,但提升速度慢于液晶仪表盘。

7.5.2　中国高等级自动驾驶产业发展趋势[①]

从汽车智能化发展进程来看,传统汽车厂商一直是推动汽车智能化的主力军,无论是人工驾驶到辅助驾驶还是从辅助驾驶到半自动化驾驶的过渡,都是解决固定工况下特定问题的过程。在智能化的前期,汽车的智能化控制都依赖于车载传感(雷达、摄像头等)的增加和

---

① 本节内容主要根据亿欧智库《2020—2023年中国高等级自动驾驶产业发展趋势研究》整理获得。

底层控制的改善,而网络架构和控制架构并没有结构性的改变。但是随着汽车网联化程度的加深,汽车智能化进程显著加快,对于汽车产业而言,深入融合智能化和网联化的智能化升级是不同于以往的任何一次汽车技术升级,因为车联网、智能交通、大数据、云计算、智能决策等技术的融入意味着汽车的网络架构发生改变。

网联化给汽车智能化进程带来新机遇。智能网联汽车早已不是汽车行业专属的名词,一大批IT科技企业也纷纷投身到智能汽车、无人驾驶以及车联网技术的研究,一批科技公司诸如谷歌、百度也纷纷推出自己的无人车。但是,如同上述汽车智能化的两条技术路线,互联网公司和IT公司实质上想为用户提供一个联通世界、舒适温馨、可娱乐办公、可靠的驾驶舱。而实现如此功能的前提条件则是汽车的高度自动化(托管技术)甚至无人驾驶的实现。所以,相比传统汽车厂商的思路,互联网和IT企业更加追求无人驾驶和纯电动,以避开传统汽车公司的技术壁垒。而复杂的道路交通环境又决定了无人驾驶阶段短期不可能实现,因此,互联网和IT企业的研究重点将放在未来智能网联化所必需的智能传感感知、RFID射频识别和通信等技术上,并积极寻求与车企合作,为其提供无线通信网络和高精地图等服务。因此,互联网制造汽车车企的兴起,给传统汽车厂商带来了空前的压力。

当然,汽车智能化进程的主体路线并没有改变,依然延续了"以车为本"的技术发展路线,逐渐完善汽车智能功能、提高自主驾驶程度仍是智能化发展的核心。而相比较互联网造车,传统车企具有明显的制造优势和技术积累。因此整车厂商在自动驾驶领域的影响力也必将超越互联网巨头和创业公司。

现阶段智能汽车发展进程中,中国车企的主要任务包括:

(1) 进行智能零部件和系统的深度开发,打通下层各控制单元,实现整车控制器对于整车的实际控制。虽然中国汽车行业的自主创新能力不断提高,汽车电子市场的自主品牌数量和规模也不断扩大,但是汽车核心零部件以及与整车控制相关,尤其和安全性能相关的系统控制单元仍被外资企业掌控。而要想在智能化的大趋势下走车企自己的智能路线,整车控制器层面的自主能力就尤为重要。因此,在着眼未来智能汽车和定义智能功能的同时,还需要沉下心打通下层各控制单元,提高实现对整车各执行层的控制能力,为智能规划和决策提供实现基础。

(2) 紧跟自动化与信息化的发展趋势。从汽车智能化的发展历程来看,即使加入了网联化这一新的资源,汽车智能化的过程本质上来说是提高汽车自动化水平的历程,也是汽车电子和自动化系统在汽车上的应用规模不断扩大的过程。因此,要想真正深入汽车智能化的潮流,开发有自己优势的汽车智能系统,车企以及参与汽车智能化发展的零部件企业需要补齐工业2.0、3.0(自动化、信息化)以及自动化系统的短板。

(3) 主动研发车联网相关技术。由于车联网的引进,汽车的网络架构及软件平台需要改变,应重点对系统健康智能检测技术、系统智能修复技术、车载互联网应用整合平台软件、自主车载嵌入式操作系统平台软件等进行研究。

行业研究与咨询业务服务平台——亿欧智库在《2020—2023年中国高等级自动驾驶产

业发展趋势研究》报告中对中国高等级自动驾驶行业的部分关键角色进行归纳,将中国高等级自动驾驶行业的关键角色划分为自动驾驶非全栈解决方案提供商、自动驾驶全栈解决方案提供商、传统车企三大类。

自动驾驶非全栈解决方案提供商：主要为研发自动驾驶整体解决方案的企业（全栈解决方案提供商、车企等）提供激光雷达、毫米波雷达、计算平台、线控底盘等高等级自动驾驶所必需的软、硬件。

自动驾驶全栈解决方案提供商：自研核心算法,并将其与非全栈解决方案提供商的产品进行集成,从而形成完整的自动驾驶解决方案,既可以提供给车企,又可以自行使用,独自开展运营活动。

理论上讲,他们与车企可以结合共同打造一辆完整的自动驾驶车。当然,车企除与以上二者合作之外,也在自研高等级自动驾驶技术,希望在汽车产业变革中实现"弯道超车"。与此同时,政府和资本也深度参与其中。一定程度上,这几方的深度合作必将对自动驾驶发展起到巨大的推动作用。车路协同的发展则从基础设施方面为高等级自动驾驶技术的实现提供了另一种可能——通过车路之间的相互通信,降低单车智能的实现难度和成本。

亿欧智库的《2020—2023年中国高等级自动驾驶产业发展趋势研究》报告给出六大趋势的预测,分别包括：

（1）以场景为先导,自动驾驶全栈解决方案提供商将分批实现商业化。

目前高等级自动驾驶已经逐渐从技术研究阶段发展到产品落地阶段,处于稳定发展期。在中国,百度的加入将此前一直生长于高校中的自动驾驶技术带到产业化大门前,越来越多中国企业开始追随百度脚步,加入自动驾驶战局,共同探索落地应用路径。在此过程中,应用场景的重要性不断凸显。之所以如此,很大程度上归因于目前的高等级自动驾驶技术还无法做到像人一样,能够适配任何驾驶场景。因此,选定若干特定应用场景,全力攻破,是如今大多数自动驾驶全栈解决方案提供商的商业化路径。以道路是否开放为界线,目前主流应用场景有园区、机场、矿区、停车场、港口、高速公路、城市道路等。依照各个场景下自动驾驶技术实现难度的不同,自动驾驶全栈解决方案提供商将分批实现商业化,完成从技术研发到产品供应的飞跃。

开放道路环境复杂,仍有较多"长尾问题"待解决,至少需要10年时间才能实现商业化。限定场景则因驾驶范围的限制,减少了异常情况的发生,而其车辆速度普遍不高、环境相对可控等特点,也使得自动驾驶实现难度降低,相关企业将在未来3年左右率先实现商业化。所谓限定场景是指某些具有地理约束的特定区域。该区域驾驶环境单一、交通情况简单,几乎没有或只有少量外界车辆和行人能够进入,如园区、机场、矿区、停车场、港口等。这些场景下自动驾驶车辆又可以分为无人行李车、无人配送车、无人清扫车、无人接驳车、自动驾驶公交车、自动驾驶宽体自卸车、自动驾驶矿卡、具有AVP功能的乘用车等类型。目前,新石器已在园区、矿区、港口、机场等限定场景下实现试点运营。

停车场也属于限定场景,但该区域内车辆类型以乘用车为主,与个人生命安全联系更为紧密,且国内法规暂未给予自动驾驶汽车在停车场内行驶的路权。因而目前尚无中国企业在该领域实现试点运营,但百度、Momenta、长城、吉利等科技企业与自主车企都在研发该场景自动驾驶解决方案。

总体来说,限定场景自动驾驶正处于早期向中期发展的转变阶段。目前,为保证安全和便于推广运营,矿区、港口等场景的自动驾驶车辆仍配备安全员,但多数企业表示将会用一年左右的时间逐步去除安全员的角色。在各家企业的规划中,限定场景自动驾驶有望在未来三年内实现大规模试点运营、小规模商业化运营。由于产品的应用速度普遍快于标准出台速度,因此未来三年后相关标准或会出台,届时将迎来限定自动驾驶的规模运营和商业化起点。目前,限定场景自动驾驶企业仍专注于打磨产品,但同时也开始注重运营。未来三年,各企业竞争重点将完全由技术转向产品和运营。可以看到不远的将来以下两方面变化必然会出现:

① 产品方面:该领域未来优秀的产品,必须满足三个特点,即稳定的性能、较低的成本、强大的场景复制能力。

② 运营方面:企业将更加注重产品细节和用户使用的便利性,与此同时,配送员、司机等传统职业也将被自动驾驶远程接管员、自动驾驶运维员、自动驾驶平台管理员等新角色取代。

在自动驾驶的诸多应用场景中,开放道路无疑是最难的一个。该场景具有以下3个特点:

① 无地理约束限制,进入该区域的行人和车辆种类数量多,行为类型更为丰富,且相对来说不可控,因此易发生边角案例(corner case),对自动驾驶汽车技术要求高。

② 车辆速度快,紧急情况出现时的制动难度大,安全性降低。

③ 该场景下车辆多为乘用车和商用车,配有驾驶位,当前阶段仍无法去掉安全员的角色。由于涉及人身生命安全,自动驾驶车辆需加装多种高性能传感器,其整体成本因此上升,量产难度大。

城市道路与高速公路是两个最常见的开放道路场景,前者典型产品为自动驾驶出租车(RoboTaxi),后者典型产品为自动驾驶卡车。据蔚来资本测算,RoboTaxi的市场规模约为3500亿元,跨城物流和同城物流的市场规模分别为7000亿元和2500亿元,市场前景广阔(见图7-3)。广阔的市场前景,吸引了百度等一众企业入局。2016年前后,诸多自动驾驶企业成立,此时业界和资本普遍认为开放道路场景的L3/L4级自动驾驶车型在2020年左右可以上路,对这项技术抱有极大期待。但经过近几年发展,业界逐渐意识到该场景对高等级自动驾驶技术提出的诸多挑战超出想象,以及未成熟的供应链、尚不完备的法律法规等外部因素对该项技术的制约。随之,企业不得不推迟商业化时间。亿欧汽车认为,开放道路场景自动驾驶目前尚处于早期发展阶段,自身技术尚不成熟,其大规模商业化时间在十年以后。而对于开放道路场景自动驾驶企业而言,想要实现大规模商业化,技术完备、路权供给、供应链成熟、成本大幅降低四点缺一不可。

由于技术发展不及预期,2018年下半年之后,资本对高等级自动驾驶的热情普遍降低,在这类开放道路自动驾驶企业身上体现得尤为明显。就企业自身而言,商业化时间过长,导致其此前几乎都是凭借大额融资维持运营,而目前单纯靠逐渐冷静下来的资本"输血"变得越来越困难。未来三年,"活下去"成为这类企业最重要的目标。

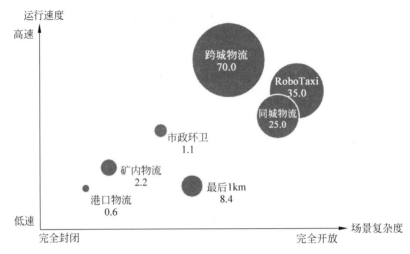

图 7-3　自动驾驶各个落地场景市场规模(单位:百亿元)

(2) 更多自动驾驶非全栈解决方案提供商迎来发展机会。

在自动驾驶技术发展过程中,其全栈解决方案提供商率先出现,美国的 Waymo 和中国的百度是该领域两大代表企业。经过近几年技术迭代,自动驾驶产业链逐渐由粗放式向精细式方向发展,自动驾驶非全栈解决方案提供商陆续出现,诸多关键技术模块也取得突破。

从产业链构成来看,目前自动驾驶执行层基本被国际 Tier1 供应商垄断,他们拥有体系化的底盘控制系统,以及与主机厂的深度绑定关系,因而很难有初创企业能够位列其中。感知层和决策层零组件供应链分散,企业类型丰富,初创企业相对容易切入,自动驾驶非全栈解决方案提供商主要集中于此。

自动驾驶产业链中,感知处于第一层级。任何车辆要实现自动驾驶,首先都要解决"在何位置、周边环境如何"的问题,以此为依据,进行下一步决策规划,随后再通过车辆的控制执行系统,完成整个自动驾驶流程。因而,感知一直备受自动驾驶业界关注。当前有三点变化可能会为相关企业提供更多发展机会:一是激光雷达厂商正在由研发机械式激光雷达向固态激光雷达方向转变;二是毫米波雷达厂商试图用毫米波雷达取代激光雷达;三是新技术的应用使以上激光雷达和毫米波雷达两个领域机会仍存。

从技术角度而言,自动驾驶决策层和执行层也有诸多难题等待企业解决。但从新机会角度来看,执行层多被国际 Tier 1 所把控,初创企业很难切入,而决策层与场景息息相关,企业也较难将其单独拆分提供标准化产品。但共同点在于,二者均需要大量数据做支撑。尤其决策层,需要大量数据做行为预测与规划,不断训练自己的模型。因此未来计算平台、场景测试、仿真平台等与数据相关的诸多细分领域,都将产生发展机会。

(3) 车企更注重方案量产可能性，未来致力于实现部分 L3 级自动驾驶技术量产。

L1 级自动驾驶相对配置成本已在 2017 年下降至 0.06 万元，截至 2019 年，L2 级自动驾驶的相对配置成本为 4.88 万元，成本较高，售价也相对较高，溢价能力初显。在实现 L2 级自动驾驶量产后，车企们纷纷将目光瞄向更高等级——L3/L4 级自动驾驶技术的量产。不同于互联网公司和自动驾驶全栈解决方案提供商，车企为保持品牌竞争力，必须及时推出具备自动驾驶功能的量产汽车，无法如前者一样，只专注技术研发不考虑量产问题，因而 L3 级自动驾驶成为车企的"折中选择"。奥迪于 2017 年推出全球首款 L3 级自动驾驶量产车型第四代 A8，沃尔沃、福特等车企均表示会越过 L3，直接研发 L4/L5 级自动驾驶。中国车企多选择与国外车企不同的"渐进式路线"——一边先实现 L3 级自动驾驶量产，另一边研发 L4/L5 级自动驾驶技术。2020 年 3 月，广汽宣布 Aion LX 将搭载首个可交付应用的中国版高精地图，实现 L3 级自动驾驶功能，2020 年 7 月初正式交付。同月，长安也宣布搭载 L3 级自动驾驶系统的车型 UNI-T 正式量产。但根据长安展示的自动驾驶功能，UNI-T 能够实现 TJP 交通拥堵引导功能，暂不能实现高速路自动驾驶（HWP）功能，因而不能称为严格意义上的 L3 级自动驾驶。由于目前法规对 L3 级自动驾驶并未有严格意义上的限定范围，因而 L3 级自动驾驶多由车企进行定义。此外，针对乘用车用户的高频使用场景——停车场，吉利、广汽、长城等诸多车企也制定了 AVP（自主代客泊车系统）发展战略。其中，广汽与博世合作研发，吉利、长城等车企自建团队研发。未来，企业希望以此增加营收。由于全程无人参与，因此该功能理论上应属于特定场景 L4 级自动驾驶技术，应用落地时间比 TJP 和 HWP 更晚一些。未来三年，车企将跟进研发。

对于当前车企而言，L4 级自动驾驶技术的量产存在以下几个难点：

安全：传统车企的基因决定其将安全放在首位，任何一起安全事故都会对车企产生毁灭性打击。除软件层面的评判标准之外，车企也更在意车辆硬件方面的功能安全。

成本：短期内，L4 级自动驾驶产业链不会成熟，零部件成本高昂，难以达到车企量产条件。

技术：目前，大多数车企的自动驾驶技术还停留在 L2 级水平，短期无法实现从 L2 级到 L4 级的飞跃。

路权：政府路权未放开，L4 级自动驾驶短期无法投入使用。

面对科技互联网公司和自动驾驶全栈解决方案提供商都难以企及的 L4 级自动驾驶技术，侧重量产的大多车企选择将其暂时搁置。未来三年，车企将重点研发部分 L3 级自动驾驶技术。2020 年 2 月，国家发改委、中央网信办、工信部等 11 个部委联合印发的《智能汽车创新发展战略》中指出，有条件自动驾驶（L3 级）汽车在 2025 年达到规模化量产，比两年前征求意见稿中的实现时间推后 5 年。

(4) 各地政府越来越关注自动驾驶技术，未来与相关企业探索多种合作模式。

新兴行业在早期发展阶段通常需要政府的大力扶持，为行业做一次"冷启动"，自动驾驶这项新兴技术也不例外。自动驾驶领域的政策和立法、基础设施建设这两项标准的主导者都是政府，足以看出政府在自动驾驶发展道路上占据至关重要的地位。具体而言，通过相关政策法规的出台以及各项基础设施的建设,政府在自动驾驶技术的发展道路上起到指引方向和给予路权两大关键作用。2015 年起,中国政府开始出台相关政策法规,将自动驾驶技术发展纳入国家顶层规划中,以求抢占汽车产业转型先机,强化国家竞争实力。从 2015—2020 年,中国政府发布多项相关政策,关注点从智能网联汽车细化至自动驾驶汽车,进一步明确自动驾驶战略地位与未来发展方向。在国家大战略方针指导下,各地方政府也相继出台自动驾驶相关政策。从类型来看,地方政府政策主要围绕开放公共道路测试路段和建立智能网联示范区两方面展开。2017 年 12 月,北京市政府率先出台了我国第一部自动驾驶车辆路测规定《北京市关于加快推进自动驾驶车辆道路测试有关工作的指导意见(试行)》及《北京市自动驾驶车辆道路测试管理实施细则(试行)》,随后,上海、重庆、长春、天津、肇庆等城市也陆续出台相关政策。截至 2019 年底,国内共有 25 个城市出台自动驾驶测试政策(见表 7-8);江苏、广东、湖南、河南、海南(征求意见)5 个省份发布省级自动驾驶测试政策。

表 7-8 截至 2019 年底国内 25 个出台自动驾驶测试政策的城市

地 区	城 市
东北地区	长春
华北地区	北京、天津、保定、沧州
西北地区	西安
西南地区	重庆、贵阳
中南地区	广州、深圳、肇庆、柳州、武汉、襄阳、长沙
华东地区	上海、杭州、苏州、德清、嘉善、平潭、无锡、合肥、济南、青岛

目前,地方政府与自动驾驶相关企业之间的合作主要集中在智能网联示范区层面,随着示范区普遍进入大规模建设阶段,更多城市参与其中,二者关系将更为密切。此外,多个地方政府在税收、土地、基建等方面给予相关企业一定优惠待遇,同时与后者共同探索更多合作模式。在此过程中,商业模式为 RoboTaxi 的相关企业更加需要政府"帮助"。此类企业大多即将发展至载人试运营阶段,开始涉及人身安全,且对路权有更大需求,因此这类企业与地方政府捆绑更为紧密。目前,比较主流的合作模式是相关企业与地方政府共同成立合资公司,合力运营自动驾驶出租车。在某些地方,合资公司中也有当地车企和出行公司的身影。未来,自动驾驶相关企业、地方政府、车企、出行公司之间的联系将更为紧密,合资公司的运营模式或将在更多地方复制。目前,地方政府与自动驾驶相关企业的合作主要集中在智能网联示范区层面,政府为企业提供自动驾驶路测场地。2016 年 6 月,"国家智能网联汽车(上海)试点示范区"在上海安亭投入运营,这是我国工信部批准的首个智能网联汽车示范区。目前国内各省市已建有智能网联示范区 50 余个,覆盖所有一线城市及部分二线城市,涵盖城市道路、高速公路、隧道、封闭园区等多个场景。以中国七大行政区域划分,华南地区示范区数量最多,其次是中南和西南地区(见表 7-9)。

表 7-9　截至 2020 年 4 月国内 27 个主要的智能网联示范区

地　　区	示　范　区
中南地区	国家智能网联汽车(武汉)测试示范区 国家智能网联汽车(长沙)测试区 广州市智能网联汽车与智慧交通应用示范区 深圳智能网联交通测试示范区 肇庆自动驾驶城市路测示范区 智能网联汽车自动驾驶封闭场地测试基地(襄阳) 柳州智能网联汽车示范区
西南地区	中德智能网联汽车四川试验基地 自动驾驶封闭场地测试基地(重庆) 中国汽研智能网联汽车试验基地(重庆) 国家智能网联汽车与智慧交通应用示范公共服务平台(重庆)
华南地区	国家智能交通综合测试基地(无锡) 国家智能网联汽车(上海)试点示范区 浙江 5G 车联网应用示范区 智能网联汽车自动驾驶封闭场地测试基地(上海) 智能网联汽车自动驾驶封闭场地测试基地(泰兴) 嘉善产业新城智能网联汽车测试场 湖州德清自动驾驶与智慧出行示范区 平潭无人驾驶汽车测试基地 漳州无人驾驶汽车社会实验室 苏州工业园区智能网联测试区 青岛智能网联示范区 齐鲁交通智能网联高速公路测试基地
东北地区	国家智能网联汽车应用(北方)示范区
华北地区	国家智能汽车与智慧交通(京冀)示范区 自动驾驶封闭场地测试基地(北京)
西北地区	自动驾驶封闭场地测试基地(西安)

有机构预测,针对路测细则和示范区两大合作重点未来三年将会发生以下几点变化：

① 已建立智能网联示范区的城市将优先出台自动驾驶路测细则,2020 年起呈"小爆发"态势。地方政府一般先建立智能网联示范区,再出台自动驾驶路测细则,因此目前拥有示范区的城市数量多于政策出台的城市数量。2017 年北京发布自动驾驶路测细则之后三年,上海、重庆、杭州等已建立示范区的城市陆续跟进。2020 年后,出台路测细则的城市数量将继续提升,并逐渐向二三四线城市扩展。

② 地理位置相邻的地方政府将针对自动驾驶道路测试进行互认合作。由于各地方政府路测细则并不统一,因此企业需要在多地获取牌照进行路测,呈"割裂"态势,区域测试协同存在壁垒。地理位置相邻的地方政府完全可以开展互认合作,规划测试行为,共享测试数据和结果。

③ 二三四线城市成为智能网联示范区的建设主力。目前,国内所有一线城市及部分二线城市都已建成示范区,未来逐步向二三四线城市扩展。

④ 已拥有示范区的城市或将在市内建立更多示范区,由点扩大及面,同时进一步放开测试路段。从各地政府对智能网联示范区的规划来看,诸多地方级测试点将于 2023 年前完成示范区技术设施建设和改造,当同一城市建立的示范区越多,其由试点扩展至区域的可能性就越大。

同时各地政府也越来越关注自动驾驶技术,未来将会与相关企业探索多种合作模式。

(5) 资本对自动驾驶技术呈观望态度,等待技术进一步落地。

中国创投圈对自动驾驶技术的关注始于 2014 年。彼时百度宣布研发自动驾驶,并试图实现该项技术的商业化落地。随后,诸多人才出走百度,各自成立自动驾驶初创公司,市场上的投资标的开始变多。巨头的入局,一定程度上是在"革车企的命",与后者存在博弈关系,而有一定机会胜出的初创公司也吸引了资方目光。此后短短六年间,资本对自动驾驶的看法经历了开始关注、疯狂追逐、逐渐冷淡 3 个阶段。未来三年,资本将站在新角度重新审视这项技术。

2018 年下半年开始,中国自动驾驶圈已经开始感受到资本的阵阵寒意,企业融资难度加大。发展至 2019 年,业界更有"自动驾驶进入资本寒冬"的说法传出。从资本角度而言,这种现象背后最直接的原因就是资方募集规模的大幅下降。据清科研究《2018 年中国 VC/PE 机构透后管理调查研究报告》《2019 年中国股权投资市场回顾与展望》数据,2017 年后,我国私募股权投资市场募集总额呈下降态势,2018 年私募规模为 10111 亿元,较 2017 年下降 29%。这直接导致当年私募股权投资市场的投资总额较上年下降 14%,2019 年的跌幅更是达到 30%,连带效应明显。在这种情况下,资方风险意识加重,不再一味追逐自动驾驶风口,反而回归理性。其对自动驾驶的关注重点由最初的团队人才背景、商业前景,变为企业现阶段技术发展进程、商业模式落地的可行性。未来三年,单纯"讲故事"已不足以吸引资本加入,资本将更加关注有商业落地苗头的自动驾驶相关企业,比如已在某些区域实现试运营、具有自我造血能力的限定场景自动驾驶全栈解决方案提供商,已为多家客户供货的激光雷达、毫米波雷达企业等。而在自动驾驶不断发展过程中,拥有新技术思路的企业也将引起资本注意。未来三年,资本将围绕市场空间、业务快速扩展的可能性、商业模式 3 个角度考量自动驾驶相关企业。

(6) 车路协同技术迅速发展,将成为高等级自动驾驶背后驱动力。

车路协同是指借助新一代无线通信和互联网技术,实现车与 X 的全方位网络连接,即车与车(V2V)、车与路(V2I)、车与人(V2P)、车与平台(V2N)之间的信息交互,并在全时空动态交通信息采集与融合的基础上,开展车辆主动安全控制和道路协同管理,充分实现人-车-路的有效协同。

目前国际上有两种主流技术路线。

① DSRC:专用短距离通信技术,相关技术标准由美国 IEEE 主导,在美国、欧洲、日本等地均有应用示范。

② C-V2X：蜂窝通信技术，相关标准由 3GPP 制定（华为、大唐参与），包括基于 LTE-V2X/LTE-eV2X 技术及基于 5GNR 平滑发展形成的 NR-V2X 技术，为我国主要采用的通信技术。

基于我国采用的 C-V2X 技术路线，国内已基本完成 LTE-V2X 标准体系建设和核心标准规范，政府和企业两方也正在推动 LTE-V2X 的产业化进程。该技术可以将"人-车-路-云"等交通要素有机联系在一起，保证交通安全，提高通行效率。

从发展阶段来看，车路协同共分为协同感知、协同决策和协同控制 3 个阶段，目前我国仍处于协同感知阶段。在 5G 技术不断发展的情况下，LTE-V2X 正在向 5G-V2X 方向转变。根据国际电信联盟组织（ITU）的报告，5G 能实现 1ms 的 E2E 时延、10Gb/s 的吞吐量和每平方千米 100 万连接数。这种低时延、高可靠性和高速率的特性对车路协同的发展有极大促进作用，能够进一步提高车路的信息交互效率，保证高等级自动驾驶车辆安全。

2019 年，由 3GPP 制定的 5G R15 标准已冻结，接下来，5G-V2X 将通过 Uu 技术试验，来验证 5G 网络对 e-V2X 部分业务场景的支持能力。V2X 在高等级自动驾驶中配备 6 项要素（见图 7-4）：车侧单元（OBU）、路测智能基础设施、路测单元（RSU）、路测边缘计算单元、路测信息提示单元和云控管理服务平台。相较于单车智能，V2X 增加路端和云端部署，能够有效降低单车智能技术难度。

① 路端：通过路端设备感知周围交通静态和动态信息，结合车路数据，进行精准分析，再实时传输回车端，形成路侧决策。由于在路侧装有感知设备，车端硬件成本得以降低，同时相当于形成一个"上帝视角"，能够解决超视距、恶劣天气影响等问题，保证高等级自动驾驶安全。

② 云端：通过收集大量数据，以训练自动驾驶算法，其同时可支持全局信息存储和共享，互联互通业务流，对自动驾驶车实行路径优化。

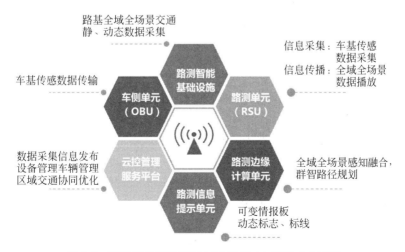

图 7-4　面向高级自动驾驶（L4 及以上）V2X 6 大要素

根据百度预测,车路系统能使自动驾驶研发成本降低 30%,接管数下降 62%,预计能让自动驾驶提前 2~3 年在中国落地。

当前我国车路协同发展有以下特点。

(1) 政府与企业共同参与,加速车路协同发展。

以往,单车智能的打造与智慧道路的建设均是由相关单位从单个环节入手,独自进行研发,呈"割裂"态势,车路协同能有效将二者结合在一起,不仅有助于高等级自动驾驶的实现,也符合我国交通强国的大方向。

政府方面:国家相关部门陆续出台了《推进智慧交通发展行动计划》《数字交通发展规划纲要》《车联网(智能网联汽车额)产业发展行动计划》《推进综合交通大数据发展行动纲要(2020—2025 年)》等多项政策;工信部向中国移动、中国联通等颁发 5G 牌照,并组织成立"国家智能网联汽车创新中心",引导车路协同发展;地方政府加速推进智能网联示范区的道路改造计划,开启智能网联汽车应用试点。

企业方面:国家三大电信运营商开设车联网应用平台试点;百度、腾讯、阿里巴巴、滴滴、华为等互联网企业研发车路协同路侧平台和中心平台;一汽、上汽、东风等车企开展车路协同应用测试;中国交建中咨集团、启迪云控等企业探索应用平台的建设与运营;此外,高新兴、中兴、大唐、国汽智联、星云互联等诸多芯片模组厂商、终端设备提供商、安全厂商和位置服务提供商均参与其中。

在政府和企业的联合推动下,车路协同在最近几年得到快速发展。2018 年 11 月中国汽车工程学会年会暨展览会(SAECCE)期间,华为、大唐、高通、金溢科技、星云互联、东软睿驰、上汽、长安、北汽、吉利等多家企业联合展示了世界首例"跨通信模组、跨终端、跨整车"的互联互通,成为推动我国 C-V2X 大规模应用部署和产业生态体系构建的重要一步。

从路侧建设进度来看,各地政府大多都已建立智能网联示范区,并着手改造示范区道路,部署车路协同路侧设备。由于投资大、进程慢,未来三年,路侧建设还将持续。

从应用类型来看,目前车路协同技术有智慧路口、智慧矿山、自动代客泊车、高速公路车辆编队行驶 4 个典型应用场景。在各个企业的努力下,车路协同将率先在以上场景中实现应用。综合考虑技术和法律因素,未来三年智慧路口和智慧矿山将成为与车路协同技术的落地场景。

从配套技术来看,由于高等级自动驾驶技术离成熟期较远,未来三年,车路协同与自动驾驶的结合应用,还将在智能网联示范区或特性路段小范围进行。作为更多依靠基础设施建设的技术,车路协同的大爆发还需等待自动驾驶技术的进一步成熟。

(2) 车路协同的主要工作仍将集中在基础建设方面。

2016 年起,我国各地开始建设智能网联示范区,并有意识地增加示范区路侧设备的部署,供自动驾驶汽车路测及探索车路协同技术。目前,国家层面正大力进行基础设施建设。2020 年 3 月,工信部发布《关于推动 5G 加快发展的通知》,提出要促进"5G+车联网"协同发展,明确将车联网纳入国家新型信息基础设施建设工程,促进 LTE-V2X 规模部署。但基础设施的改造是一项长期的系统性工程,其不仅需要汽车、通信、科技等多类企业与政府不同部门之间合理配合,还需要投入大量资金。以高速公路为例,保守假设每千米高速公路的智能化改造费用为 100 万元,以 2019 年我国 14.26 万千米的高速公路来测算,总体需投入 1426 亿元经费,更不必说目前我国已近 500 万千米的公路里程。此外,铺设完成后,后期设备的升级与维护也是一大挑战。因此,即便政府在 4 年前就已开始基础设施的建设改造,但根据中国智能网联汽车产业创新联盟(CAICV)、IMT-2020(5G)推进组 C-V2X 工作组、中国智能交通产业联盟(C-ITS)、中国智慧交通管理产业联盟(CTMA)联合发布的《C-V2X 产业化路径和时间表研究》白皮书,2020 年仍被认为是 C-V2X 产业化的"导入期",此后在经历四年的"发展期"后,才能进入"高速发展期"(见图 7-5)。从这个角度来看,未来三年,车路协同的主要工作仍将集中在基础建设层面,并将配合基础设施建设开展小范围应用试点。

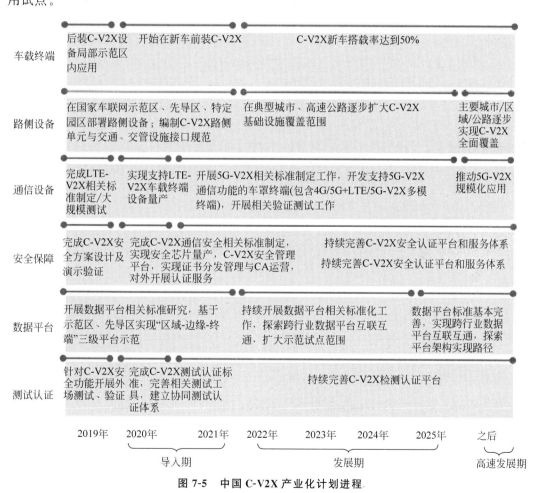

图 7-5 中国 C-V2X 产业化计划进程

7.6 自动驾驶行业发展主要限制因素和风险

7.6.1 发展限制

目前自动驾驶技术的发展主要存在的难点是成本高、相关法律法规不成熟、技术不成熟。具体来说：①包含毫米波雷达、智能摄像头在内的复杂传感器成本较高，制约着 L3 级、L4 级车型大规模商业化的落地；②目前还没有允许驾驶员在车辆行驶中脱手的法律法规，在严格的法律环境下 L3 级、L4 级车型实现量产较为困难；③在感知、决策和执行端要求具有高度的可靠性，确保在各种突发情况下自动驾驶汽车都能灵活应对，具有较大的难度。

L5 级完全无人驾驶实现，进一步突破需要 AI 技术。以百度 2019 年加州自动驾驶路测的"脱离"次数为例，每 2.9 万公里脱离一次。根据 CEIC 数据，美国 2019 年总行驶里程数为 3.27 万亿公里，汽车保有量为 2.8 亿辆，平均每台车每年行驶 1.17 万公里。目前的完全自动驾驶技术可能导致发生事故的可能性是人工驾驶的 1000 倍左右。加州测试道路情况相对真实驾驶环境比较简单，所以真实的完全无人驾驶难度更高。要实现完全无人驾驶不仅需要长时间的积累，还可能需要 AI 技术进一步突破。完全自动驾驶主要在特定的封闭环境下使用，比如上汽在洋山港运营的 5G 自动驾驶重卡。

据盖世汽车报道，由于 L3 级法规限制很大，该技术量产难度大。"量产难"的原因是多方面的，比如技术、成本、伦理道德、保险制度等，最为关键的是法规。与 L2 级 ADAS 和 L4 级自动驾驶相比，L3 级权责界定困难。L2 级的驾驶权在驾驶员手中，责任主体是人，L4 级的驾驶权在系统手中，责任在于车辆。L2 级和 L4 级对权责的界定非常清晰，而 L3 级驾驶权是人机均有，责任界定不清晰，所以 L3 级量产上路的法规一直没有出台。

7.6.2 风险提示

当前行业尚处于早期研发投入阶段，高等级自动驾驶还不具有成熟的产品和商业模式。但行业近两年将迎来首批高级别自动驾驶产品的商业化落地试运行，当前处在行业发展的关键时点，从业者对行业未来发展既抱有期待又存在着一定的忧虑，这主要体现在：①相关政策出台速度不达预期；②潜在重大交通事故可能民众以及政府对于自动驾驶的态度。我国自动驾驶政策制定起步晚，但后期追赶速度快，从 2018 年开始国内至少已有 9 个城市开放了自动驾驶路测区域并制定了配套管理措施，部分地区甚至开放了部分公共道路用于从业者自动驾驶车辆路测；近年来在海外，无论是 Tesla、Uber 还是 Waymo 都遭遇了一定的"自动驾驶事故"风波，这在一定程度上降低了美国消费者对于新技术的接受度，我国当前类似事故还较少，消费者对自动驾驶抱有较高的接受度，但如果在行业发展中出现严重（致死）事故将会对行业产生负面影响，因此政府除了推动行业发展以外，也应该对自动驾驶企业做好严格的筛查和管理，以及制定好相关的保险赔偿制度。

以下几个风险因素需要了解：

① 汽车销量不及预期：由于宏观经济下行或超预期，特别是 2020 年上半年受疫情影响，对消费信心和可支配收入影响加大，汽车销量可能不达预期。

② 自动驾驶政策法规推出不及预期：自动驾驶由于安全性等考虑，放开对自动驾驶管理的法律法规出台需经过多方评估论证，出台时间可能不达预期。

③ 自动驾驶技术发展不及预期：自动驾驶技术发展尚有很多瓶颈等待突破，技术的发展速度可能不及人们预期。

本章小结

纵观汽车工业的发展历程，汽车驾驶的自动化进程一直都在进行，自动驾驶技术也从辅助驾驶向着方向盘、油门、制动和挡位的完全自动化操作逐步迈进。汽车智能时代的来临不可阻挡。

目前自动驾驶的发展迎来了历史机遇期。各国相关政策陆续出台，行业标准确立，自动驾驶发展有望加速；2020 年，L3 级自动驾驶进入量产，行业发展拐点将至，由起步逐步迈入普及期；各国消费者对自动驾驶接受度普遍提高；商业化运营不断推进，技术日趋成熟；汽车电子架构大变革，为 ADAS 解开约束；由于受疫情刺激短期内无人配送市场需求；随着规模落地，车辆成本有望快速下降。

整体来看，我国智能网联汽车产业基础与技术研发相对薄弱，尤其在整车研发、传感器、计算平台等领域仍处于起步阶段，相关标准、法律法规相对滞后，道路交通智能化发展与国外发达国家相比较晚。现阶段在推进智能网联汽车产业发展的过程中，仍然需要解决很多关键问题，包括传感器、控制器、执行器等智能网联汽车核心电子件、车载智能化软硬件平台、智能感知部件、先进能源动力平台、车载通信系统等方面，关键技术掌控能力仍需进一步提升；智能网联汽车制造及配套体系仍需完善，传统汽车制造领域在智能网联汽车技术积累与产品研发方面存在局限性，适应智能网联汽车制造的新型智能化汽车制造能力尚有不足；传统汽车设计制造与计算、通信等能力的融合与协同还需加强，从而进一步适应快速发展的汽车网联化、智能化需求；智能交通还需加强统筹规划，在智能路网、云管控平台、应用示范等方面有待统一标准、提升能力；控制决策与执行层面的自主研发能力是高度自动化汽车量产的前提和保证，我国这方面在技术上与国际先进水平存在差距，技术上受制于人等。

本章主要介绍了自动驾驶在国际、国内的发展；各国政策法规的出台；自动驾驶关键技术发展；自动驾驶产业链发展和探讨了基于政策影响下行业整体的发展；分析了关键技术现状与未来，当前及一段时间内的市场需求、现存风险、自动驾驶量产带来的降本提效等。智能时代下，汽车自动化进程中存在空前机遇的同时也存在极大的挑战，前方依然有许多未知的难题等待汽车行业工作者去探索。随着先进的算法与更多信息的相互交融诞生出更多新系统与新功能，我们将有机会见证汽车正在变得更安全、更经济、更环保、更便捷和更舒适。

参 考 文 献

[1] 前瞻产业研究院.2019年中国自动驾驶行业发展研究报告[EB/OL].(2019-08-12)[2020-10-18]. https://bg.qianzhan.com/report/detail/1908121708491526.html.

[2] 百度百科.汽车自动驾驶系统[EB/OL].[2020-10-18].https://baike.baidu.com/item/自动驾驶系统/16453034?fr=aladdin.

[3] 佰伯安全网.无人自动驾驶汽车的优缺点[EB/OL].(2017-08-28)[2020-10-18].https://www.bbaqw.com/cs/44568.htm.

[4] 汪榆程.无人驾驶技术综述[J].科技传播,2019,11(06):147-148.

[5] 邹文超,李仁发,吴武飞.适应于自动驾驶的计算结构与平台综述[J].计算机工程与科学,2019,41(03):505-512.

[6] 雷洪钧.汽车驾驶自动化分级技术要求及组织实施的探讨[J].汽车工艺,2020(05):25-29,33.

[7] 工业和信息化部.《汽车驾驶自动化分级》推荐性国家标准报批公示[EB/OL].(2020-03-09)[2020-10-18]. https://www.miit.gov.cn/zwgk/wjgs/art/2020/art_9a7eb2afbd5c411e88b5bbfc7012d7b1.html.

[8] 王金强,等.自动驾驶发展与关键技术综述[J].电子技术应用,2019,45(06):28-36.

[9] 陈虹,等.智能时代的汽车控制[J].自动化学报,2020,46(7):1313-1332.

[10] 俊良.汽车路径规划概述[EB/OL].(2019-03-17)[2020-10-18].https://zhuanlan.zhihu.com/p/59538210.

[11] 熊璐,等.无人驾驶车辆的运动控制发展现状综述[J].机械工程学报,2020,56(10):127-143.

[12] 算法集市.自动驾驶技术在不同应用场景下侧重点[EB/OL].(2018-02-25)[2020-10-18].https://baijiahao.baidu.com/s?id=1593153876172206416&wfr=spider&for=pc.

[13] 中国电子信息产业发展研究院.智能网联汽车测试与评价技术[M].北京:人民邮电出版社,2017.

[14] 宋洁.无人驾驶智能车路径引导的研究[D].西安:西安工业大学,2013.

[15] 李爱娟,李舜酩,李殿荣,等.智能车运动轨迹规划中的关键技术研究现状[J].机械科学与技术,2013,32(7):1022-1026.

[16] 辛江慧,李舜酩,廖庆斌.基于传感器信息的智能移动机器人导航评述[J].传感器与微系统,2008,27(4):4-7.

[17] Cheng P,Frazzoli E,LaValle S. Improving the performance of sampling-based motion planning with symmetry-based gap reduction[J]. IEEE Transactions on Robotics,2008,24(2):488-494.

[18] 沈连丰,张瑞,朱亚萍,等.面向自动驾驶的车辆精确实时定位算法[J].电子与信息学报,2020(1):28-35.

[19] 申泽邦.面向自动驾驶的高精度地图优化和定位技术研究[D].兰州:兰州大学,2019.

[20] 陈宇鹏.基于深度学习的自动驾驶单目视觉目标识别技术研究[D].长春:吉林大学,2019.

[21] 卜瑞.基于图像和点云融合的无人驾驶场景下的目标检测与定位系统[D].济南:山东大学,2019.

[22] 张裕天.基于视觉感知的多模态多任务端到端自动驾驶方法研究[D].广州:华南理工大学,2019.

[23] 杨舜元.自动驾驶中的环境感知技术[J].中国科技投资,2019,(008):217-218.

[24] 王振.用于自动驾驶系统的障碍物检测技术研究[D].北京:中国科学院大学,2019.

[25] 白悦章.基于多传感器融合的目标追踪与定位估计技术研究[D].长春:吉林大学,2019.

[26] 饶豫阳.基于云计算和强化学习的自动驾驶[J].通讯世界,2019,026(003):246-247.
[27] Meiramgul R.自动驾驶场景障碍物检测与道路识别[D].哈尔滨:哈尔滨工业大学,2019.
[28] 曹明玮.面向无人驾驶的高精细语义点云建图方法研究[D].上海:上海交通大学,2018.
[29] 张新钰,高洪波,赵建辉,等.基于深度学习的自动驾驶技术综述[J].清华大学学报:自然科学版,2018,058(004):438-444.
[30] 安森美半导体.智能感知技术推动汽车、机器视觉、边缘人工智能的发展[J].传感器世界,2019,025(7):19-23.
[31] 笪陈宇,唐明,雷鑑铭.基于自动驾驶的机器视觉原理及应用[J].无线互联科技,2018,15(010):124-125.
[32] 庹新娟,边宁,王代涵,等.自动驾驶车辆低成本定位系统的设计与实现[J].汽车制造业,2018,(22):42-45.
[33] 张建国,李红建,刘斌.基于DGPS和GIS的自动驾驶车辆精准定位系统构建[C].合肥,第八届中国智能交通年会,2013.
[34] 邓世燕,郭承军.基于多传感器融合的即时定位与地图构建方法研究[C].成都,第十一届中国卫星导航年会论文集——S13自主导航,2020.
[35] 陈林秀,宋闯,范宇,等.基于分布式信息融合的多传感器目标定位算法[J].指挥控制与仿真,2020(2):28-33.
[36] 中国电子信息产业发展研究院.智能网联汽车测试与评价技术[M].北京:人民邮电出版社,2017.
[37] 辛江慧,李舜酩,廖庆斌.基于传感器信息的智能移动机器人导航评述[J].传感器与微系统,2008,27(4):4-7.
[38] 宋洁.无人驾驶智能车路径引导的研究[D].西安:西安工业大学,2013.
[39] 李爱娟.智能车运动轨迹规划中的关键技术研究现状[J].机械科学与技术,2013,32(7):1022-1026.
[40] 汪明磊.智能车辆自主导航中避障路径规划与跟踪控制研究[D].合肥:合肥工业大学,2013.
[41] Brooks R. A robust layered control system for a mobile robot[J]. IEEE J. Robotics Autom.,1986,2(1):14-23.
[42] Bila C,Sivrikaya F,Khan M A,et al. Vehicles of the Future:A Survey of Research on Safety Issues[J]. IEEE Transactions on Intelligent Transportation Systems,2017(99):1-20.
[43] 中国汽车工业协会.智能汽车的基础:浅谈车辆自动驾驶轨迹规划的作用[R].东南大学物联网研究中心,2016.
[44] 杨世强,傅卫平,张鹏飞.四轮全方位轮式移动机器人的运动学模型研究[J].机械科学与技术,2009,28(3):412-420.
[45] Howard T M,Green C J,Kelly A,et al. State space sampling of feasible motions for high-performance mobile robot navigation in complex environments[J]. Journal of Field Robotics,2008,25(6-7):325-345.
[46] Marchese F M. Multiple Mobile Robots Path-Planning with MCA[C]//International Conference on Autonomic and Autonomous Systems(ICAS'06). 2006:56-58.
[47] Lavalle S M. Planning Algorithms[M]. Cambridge:Cambridge University Press,2006.
[48] Hwang J Y,Kim J S,Lim S S,et al. A fast path planning by path graph optimization[J]. IEEE Transactions on systems,man,and cybernetics-part a:systems and humans,2003,33(1):121-129.
[49] Bohren J,Foote T,Keller J,et al. Little ben:The ben franklin racing team's entry in the 2007 DARPA urban challenge[J]. Journal of Field Robotics,2008,25(9):598-614.

[50] Bacha A, Bauman C, Faruque R, et al. Odin: Team victortango's entry in the darpa urban challenge [J]. Journal of field Robotics, 2008, 25(8): 467-492.

[51] Likhachev M, Ferguson D. Planning long dynamically feasible maneuvers for autonomous vehicles [J]. The International Journal of Robotics Research, 2009, 28(8): 933-945.

[52] Kammel S, Ziegler J, Pitzer B, et al. Team AnnieWAY's autonomous system for the 2007 DARPA Urban Challenge[J]. Journal of Field Robotics, 2008, 25(9): 615-639.

[53] Bryson A, Ho Y. Applied Optimal Control: Optimization, Estimation, and Control[M]. Washington D.C.: Hemisphere Publishing Corporation, 1975: 309-311.

[54] Kavraki L, Svestka P, Latombe JC, et al. Probabilistic roadmaps for path planning in high-dimensional configuration spaces[J]. IEEE transactions on robotics and automation, 1996, 12(4): 566-580.

[55] Karaman S, Frazzoli E. Sampling-Based Algorithms for Optimal Motion Planning [J]. The International Journal of Robotics Research, 2011, 30(7): 846-894.

[56] Gammell J D, Srinivasa S S, Barfoot T D. Informed RRT*: Optimal Sampling-Based Path Planning Focused via Direct Sampling of an Admissible Ellipsoidal Heuristic [C]//2014 IEEE/RSJ international Conference on Intelligent Robots and Systems. Chicago, IL, USA: IEEE, 2014: 2997-3004.

[57] Brezak M, Petrovic I. Real-time approximation of clothoids with bounded error for path planning applications[J]. IEEE Transactions on Robotics, 2014, 30(2): 507-515.

[58] 杨刚. 基于车车通信的多车协同自动换道控制策略研究[D]. 北京: 清华大学, 2016.

[59] Fossen T I, Pettersen K Y, Galeazzi R. Line-of-Sight Path Following for Dubins Paths With Adaptive Sideslip Compensation of Drift Forces[J]. IEEE Transactions on Control Systems Technology, 2015, 23(2): 820-827.

[60] Long Han, Hironari Yashiro, Hossein Tehrani Nik Nejad, et al. Bézier curve based path planning for autonomous vehicle in urban environment [C]. IEEE Intelligent Vehicles Symposium, 2010: 1036-1042.

[61] Kim J M, Lim K I, Kim J H. Auto parking path planning system using modified Reeds-Shepp curve algorithm[C]. International Conference on Ubiquitous Robots and Ambient Intelligence(URAI), 2014: 311-315.

[62] 宋金泽, 戴斌, 单恩忠, 等. 融合动力学约束的自主平行泊车轨迹生成方法[J]. 中南大学学报: 自然科学版, 2009, 40: 135-141.

[63] Urmson C, Anhalt J, Bagnell D, et al. Autonomous driving in urban environments: Boss and the urban challenge[J]. Journal of Field Robotics: Special Issue on the 2007 DARPA Urban Challenge, 2007, 25(9): 425-466.

[64] Montemerlo M, Becker J, Bhat S, et al. Junior: The Stanford entry in the urban challenge[J]. Journal of Field Robotics: Special Issue on the 2007 DARPA Urban Challenge, 2007, 25(9): 569-597.

[65] 郭宪. 深入浅出强化学习[M]. 北京: 电子工业出版社, 2017.

[66] Hafner R, Riedmiller M A. Reinforcement learning in feedback control[J]. Machine Learning, 2011, 84(1-2): 137-169.

[67] ElSallab A, Abdou M, Perot E, et al. Deep reinforcement learning framework for autonomous driving [J]. Electronic Imaging, 2017(19): 70-76.

[68] Brechtel S, Gindele T, Dillmann R. Probabilistic Mpp-behavior planning for cars[C]//2011 14th International IEEE Conference on Intelligent Transportation Systems(ITSC), Washington, PC, USA,

2011：1537-1542.

[69] Sutton R S，Barto A G，Williams R J. Reinforcement learning is direct adaptive optimal control[J]. IEEE Control Systems Magazine，1992，12(2)：19-22.

[70] Schaal S. Dynamic movement primitives—a framework for motor control in humans and humanoid robotics[M]//Kimura H，Ishiguro A，White H. Adaptive motion of animals and machines. Tokyo：Springer，2006：261-280.

[71] Bagnell J A，Schneider J. Covariant policy search[C]. IJCAI，2003.

[72] Levine S，Wagener N，Abbeel P. Learning contact-rich manipulation skills with guided policy search[C]. Robotics and Automation(ICRA)，2015 IEEE International Conference on IEEE，2015：156-163.

[73] Theodorou E，Buchli J，Schaal S. Reinforcement learning of motor skills in high dimensions：A path integral approach[C]//Robotics and Automation(ICRA)，2010 IEEE International Conference on. IEEE，2010：2397-2403.

[74] Sutton R S，Barto A G. Reinforcement Learning：An Introduction. DOI：Http：//Dx. Doi. Org/10. 1016/S1364-6613(99)01331-5.

[75] Silver D，Lever G，Heess N，et al. Deterministic policy gradient algorithms[C]//International Conference on International Conference on Machine Learning. JMLR. org，2014：387-395.

[76] 孙嘉浩，陈劲杰. 基于强化学习的无人驾驶仿真研究[J]. 农业装备与车辆工程，2020，58(6)：102-106.

[77] Silver D，Schrittwieser J，et al. Mastering The Game Of Go Without Human Knowledge[J]. Nature，2017，550：354-359.

[78] Silver D，Huang A，Maddison C J，et al. Mastering The Game Of Go With Deep Neural Networks And Tree Search. Nature，2016，529(7587)：484-489.

[79] 彭金帅. 浅析无人驾驶汽车的关键技术及其未来商业化应用[J]. 科技创新与应用，2015(25)：46.

[80] 中国智能驾驶白皮书[Z]. 中国人工智能学会，2017.

[81] Hedrick J K，Mcmahon D，Narendran V，et al. Longitudinal Vehicle Controller Design for IVHS Systems[C]//American Control Conference. IEEE，2009：3107-3112.

[82] 付胜明. 基于智能滑模控制的线控防抱死系统(ABS)研究[D]. 太原：山西大学，2013.

[83] 袁磊. 四轮轮毂驱动电动汽车滑移率控制系统研究[D]. 长春：吉林大学，2016.

[84] Axel N，Stengel R F. An Expert System for Automated Highway Driving[C]//Proceedings of the 1990'American Control Conference：901-907.

[85] Habib M S. Robust Control of Driver-Vehicle Steering Behavior，Road Vehicle Automation Ⅱ—Towards Systems Integration，Christopher Nwagboso[M]. John Wiley & Sons，1995.

[86] Kehtarnavaz N，Sohn W. Steering Control of Automated Vehicle by Neural Networks[C]. Proceedings of 1991'American Control Conference：3096-3101.

[87] Heinzl P，Lugner P，Plochl M. Stability control of a passenger car by combined additional steering and unilateral braking[J]. Vehicle Syst. Dyn. ，2002，37：221-233.

[88] Cong G，Mostefai L，Denai M，et al. Direct Yaw-moment Control of an In-Wheel-Motored Electric Vehicle Based on Body Slip Angle Fuzzy Observer[J]. IEEE Transactions ON Industrial Electronics. 2009，56(5)：1411-1419.

[89] Wang R R，Zhang H，Wang J. Linear Parameter-Varying Controller Design for Four Wheel Independently-Actuated Electric Ground Vehicles with Active Steering Systems[J]. IEEE

Transactions on Control Systems Technology. 2013(99): 1-16.

[90] Song J. Active front wheel steering model and controller for integrated dynamics control systems[J]. International Journal of Automotive Technology, 2016, 17(2): 265-272.
[91] 王蕾, 宋文忠. PID 控制[J]. 自动化仪表, 2004, 25(4): 1-6.
[92] 王立新. 模糊系统与模糊控制教程[M]. 北京: 清华大学出版社, 2003.
[93] 祁华宪. 基于驾驶意图识别的纯电动汽车模糊控制策略研究[D]. 合肥: 合肥工业大学, 2017.
[94] 解学书. 最优控制: 理论与应用[M]. 北京: 清华大学出版社, 1986.
[95] 陈虹. 模型预测控制[M]. 北京: 科学出版社, 2013.
[96] 席裕庚. 预测控制[M]. 2 版. 北京: 国防工业出版社, 2013.
[97] 许芳. 快速模型预测控制的 FPGA 实现及其应用研究[D]. 长春: 吉林大学, 2014.
[98] 邱东强, 涂亚庆. 神经网络控制的现状与展望[J]. 自动化与仪器仪表, 2001(5): 1-7.
[99] 孙志军, 薛磊, 许阳明, 等. 深度学习研究综述[J]. 计算机应用研究, 2012, 29(8): 2806-2810.
[100] 段艳杰, 吕宜生, 张杰, 等. 深度学习在控制领域的研究现状与展望[J]. 自动化学报, 2016, 42(5): 643-654.
[101] Fleury S, Soueres P. Primitives for Smoothing Mobile Robot Trajectories[J]. IEEE Transactions on Robotics and Automation, 1995, 11(3): 441-448.
[102] Nelson W L. Continuous Steering-Function Control of Robot Carts[J]. IEEE Transactions on Industrial Electronics, 1989, 36(3): 330-337.
[103] Gomez-Bravoa F, Cuestab F, Ollerob A, et al. Continuous curvature path generation based on Bspline curves for parking manoeuvre[J]. Robotics and Autonomous Systems, 2008, 56(4): 360-372.
[104] Reeds J A, Shepp L A. Optimal paths for a car that goes both forwards and backwards[J]. Pacfic Journal of Mathematics, 1990, 145(2): 367-393.
[105] Fraichard T, Scheuer A. From Reeds and Shepp's to Continuous-Curvature Paths[J]. IEEE Trans. on Robotics and Automation, 2004, 20(6): 1-12.
[106] Miiller B, Deutscher J, Grodde S. Continuous CurvatureTrajectory Design and Feedforward Control for Parking a Car[J]. IEEE Transactions on Control Systems Technology, 2007, 15(3): 541-553.
[107] Tsugawa S, Yatabe T, Hirose T, et al. An automobile with artificial intelligence[C]. International joint conference on Artificial intelligence. Tokyo, Japan, 1979, 2: 893-895.
[108] Onieva E, Naranjo J E, Milanes V, et al. Automatic lateral control for unmanned vehicles via genetic algorithms[J]. Applied Soft Computing, 2011, 11(1): 1303-1309.
[109] Bageshwar V L, Garrard W L, Rajamani R. Model Predictive Control of Transitional Maneuvers for Adaptive Cruise Control Vehicles[J]. IEEE Transactions on Vehicular Technology, 2004, 53(5): 1573-1585.
[110] Keviczky T, Falcone P, Borrelli F, et al. Predictive Control Approach to Autonomous Vehicle Steering[C]//Proceedings of the 2006 American Control Conference, Minneapolis, Minnesota, USA, 2006: 4670-4675.
[111] Zhang H J, Chen H Y, Hong T. Study on Tracking System of Intelligent Vehicle Based on Self-tuning Fuzzy Controller[C]//International Conference on Multimedia Technology, Ningbo, China, 2010, 1: 1-5.
[112] 高振海. 汽车方向预瞄式自适应 PD 控制算法[J]. 机械工程学报, 2004, 40(5): 101-105.
[113] 高振海, 管欣, 郭孔辉. 驾驶员确定汽车预期轨迹的模糊决策模型[J]. 吉林工业大学自然科学学报, 2005, 30(1): 7-10.

[114] Heinrich C. Automotive HMI International Standards[C]//Proceedings 4th International Conference on Applied Human Factors and Ergonomics(AHFE'12),2012.
[115] Baron A,Green P. Safety and usability of speech interfaces for in-vehicle tasks while driving:a brief literature review[R]. Technical Report UMTRI 2006-5,University of Michigan Transportation Research Institute,Ann Arbor,Mich,USA,2006.
[116] Naab K and Reichart G. Driver assistance system for lateral and longitudinal Vehicle guidance-heading control and active cruise support[C]//Proceedings of International Symposium on Advanced Vehicle Control(AVEC'94),Tsukuba,Japan,1994,449-454.
[117] Popiv D,Rommer S C,Rakic M,et al. Effects of assistance of anticipatory driving on driver's behaviour during deceleration situations[C]//Proceedings of the 2nd European Conference on Human Centred Design of Intelligent Transport Systems(HUMANIST'10),Berlin,Germany,April 2010.
[118] Klauer S G,Dingus T A,Neale V L,et al. The impact of driver inattention on near-crash/crash risk:an analysis using the 100-car naturalistic driving study data[C]//Technical Report DOT,HS 810 594,U. S. Department of Transportation,National Highway Traffic Safety Administration,Washington,DC,USA,2006.
[119] Sato T,Akamatsu M. Influence of traffic conditions on driver behavior before making a right turn at an intersection:analysis of driver behavior based on measured data on an actual road[J]. Transportation Research,2007,10(5):397-413.
[120] 王龙杰.自动驾驶客车关键技术分析[J].汽车实用技术,2020(12):12-14.
[121] 姜云浩,张建峰,池群,等.汽车转向系统控制策略研究的探索[J].时代汽车,2020(09):93-94.
[122] 陈龙浩.汽车线控转向控制技术综述[J].汽车实用技术,2020,45(19):253-257.
[123] 陈应鹏,刘贺.线控转向系统路感模拟控制研究[J].内燃机与配件,2019(22):1-3.
[124] 王忠栋.汽车线控转向系统及关键技术研究[J].时代汽车,2019(18):122-123.
[125] 欧阳永和.浅析汽车线控转向系统[J].内燃机与配件,2018(05):27-28.
[126] 王洪涛,王芳,叶忠杰.汽车线控制动系统关键技术研究分析[J].现代信息科技,2019,3(09):155-157.
[127] 陆继军.纯电动汽车线控制动系统设计与控制研究[D].合肥:合肥工业大学,2020.
[128] 陈海淼.商用车电子驻车系统解析[J].汽车实用技术,2019(12):195-199.
[129] 季鑫.汽车电子驻车制动控制系统的设计研究[D].武汉:武汉理工大学,2017.
[130] 任桂周,侯树展,曲金玉.汽车电子新兴技术——线控技术[J].汽车电器,2007(01):4-8.
[131] 张毅.丰田普锐斯(Prius)汽车的线控换挡系统[J].黑龙江科技信息,2011(26):88-89.
[132] 陈铭贤.线控换挡开关凸轮机构的设计与研究[D].上海:上海交通大学,2012.
[133] 朱泳贤.国内纯电动汽车电机驱动系统分析与优化[J].机电工程技术,2019,48(08):60-62.
[134] 李超.电动汽车电机驱动系统的现状与趋势浅谈[J].内燃机与配件,2020(06):96-98.
[135] 卢文轩,严星,陈平,等.纯电动汽车电驱系统集成化前沿趋势[J].汽车工程师,2019(10):16-18.
[136] 科特豪尔.锂离子电池手册[M].陈晨,等译.北京:机械工业出版社,2018:25-35.
[137] 宋云波.浅析纯电动汽车的整车控制器[J].汽车维护与修理,2019(24):69-70.
[138] 陈虹,郭露露,边宁.对汽车智能化进程及其关键技术的思考[J].科技导报,2017.35(11):52-59.
[139] 毕马威:20国自动驾驶成熟度排行榜[R].毕马威会计事务所,2018.
[140] 2020—2023中国高等级自动驾驶产业发展趋势研究[R/OL].(2020-04)[2020-10-18]. www.iyiou.com/Intelligence Copyright reserved to EO intelligence,2020.
[141] 自动驾驶提速,布局明日之星[R].华泰证券股份有限公司,2020.
[142] 2020—2023中国高等级自动驾驶产业发展趋势研究[R].亿欧智库等,2020.
[143] 胡云峰,等.智能汽车人机协同控制的研究现状与展望[J].自动化学报,2019.45(07):1261-1280.